The Stoic Challenge

좌절의 기술

철학은 어떻게 삶을 버티게 하는가

The Stoic Challenge

윌리엄 B. 어빈 지음 | 석기용 옮김

어크로스

일러두기

1. 본문에서 별도의 색으로 강조한 부분은 원서에서 이탤릭체로 강조된 부분이다.
2. 각 장 안의 소제목은 한국어판 편집 과정에서 추가된 것이다.
3. 옮긴이 주는 괄호 안에 넣고 '옮긴이'라고 표기해주었으며, 그 이외에 괄호 안에 들어 있는 글은 저자의 것이다.

용기와 애정에 관해
아주 많은 것을 내게 가르쳐준
로레타 러브Loretta Loeb에게

차례

어느 날 공항에서

나는 하늘을 날아서 미국을 횡단 중이었고 시카고에 내려 연결편 비행기로 갈아타야 했다. 나를 집까지 태워 주기로 되어 있던 비행기가 날씨 때문에 연착됐다. 드디어 비행기가 도착했고 탑승하라는 안내에 따랐는데 좌석에 앉자마자 다시 비행기에서 내려달라는 요청을 받았다. 비행기 화물칸의 문이 제대로 작동하지 않는단다. 터미널에서 15분 동안 기다리니 다시 탑승하라고 했고, 기쁜 마음으로 비행기에 올랐다.

10분 후 승무원의 또 다른 안내 방송이 흘러나왔다. 화물칸 문을 성공적으로 닫았는데 지상 근무자가 여행 가방 한 개를 빠뜨리고 싣지 못했다는 사실을 뒤늦게 발견했다는 것이다. 그 짐을 마저

신기 위해 문을 열었는데, 이제는 아예 문이 닫히지 않는다고 했다. 다른 말로 하면, 사소했던 문제가 심각한 문제가 된 것이다. 승무원은 우리에게 다시 한 번 더 비행기에서 내리라고 했다.

터미널에서 게이트 담당 직원은 우리에게 다른 항공편을 잡아 주겠다고 말했다. 그러나 그 말이 끝나기 무섭게, 지금은 시간이 너무 늦어서 내일 아침이 되어야 다른 비행기가 마련될 거라고 했다. 승객들 사이에서 불만이 터져 나왔다. 담당 직원은 항공사가 인근 호텔에서 숙박을 제공하겠다고 했지만, 그는 훨씬 더 심한 불평을 들었을 뿐이었다. 나도 그 불평분자 무리에 속해 있었음을 인정해야겠다. 하지만 바로 그때 지금 무슨 일이 벌어지고 있는지 나는 깨달았다. '스토아의 신'들이 나를 위한 일종의 시험으로 이번 사건을 꾸몄구나. 나는 그저 혼잣말로 중얼거렸다. "게임 시작!"

내가 그렇게 한 이유는 경험상 이런 좌절을 하나의 시험으로 간주함으로써, 더 정확히 말하자면 스토아의 신들이 나의 회복탄력성과 지략을 시험하기 위해 이런 좌절을 내게 안긴 것이라 여김으로써, 고난을 겪으며 치러야 할 감정적 비용을 줄이는 동시에 해결 방안을 찾아낼 가능성을 높일 수 있다는 것을 알고 있었기 때문이다. 물론 이 시점에서 몇 마디 설명하는 것이 적절할 듯하다.

우리가 인생철학 없이 인생을 산다면

우선 나는 어떤 모호한 종교 맹신 집단의 일원이 아니다. 나는 고대철학의 현대적인 신봉자이다. 더 정확히 말하자면, 2000년 전에 마르쿠스 아우렐리우스(Marcus Aurelius), 세네카(Seneca), 에픽테토스(Epictetos) 같은 스토아 철학자들이 궁리해 낸 삶을 위한 전략들에 따라 21세기의 내 삶을 살기로 결심했다는 의미에서, 나는 실천적 '스토아주의자'이다.

나 혼자만 이런 선택을 한 것은 아니다. 고대 철학자들이 소위 인생철학(philosophy of life)이라고 부르곤 했던 것이 자신에게 없다는 사실을 점점 더 많은 사람들이 자각하고 있다. 그런 철학은 인생에서 가질 만한 가치가 있는 것이 무엇인지, 그리고 그것을 얻기 위한 전략이 무엇인지 알려준다. 만약 우리가 인생철학 없이 인생을 살아간다면, 그저 하루하루를 그때그때 대응하며 헤쳐 나가고 있는 자신의 모습을 발견하게 될 것이다. 결과적으로 우리 일상의 노력은 물거품이 되기 쉽고, 우리 인생은 허비될 가능성이 크다. 얼마나 큰 낭비인가!

스토아주의는 종교가 아니라는 사실을 깨닫는 것이 중요하다. 스토아주의의 우선적인 관심사는 내세가 아니라 우리가 지금 여기에서 보낼 시간이다. 그렇다 하더라도 나는 스토아주의가 기독교나 이슬람을 포함한 많은 종교들과 양립할 수 있다는 사실을 덧붙여야겠다. 하지만 또 한 가지를 분명히 해 두는 것이 좋겠다. 앞에서 나는 '스토아의 신들'을 언급했다. 나는 이런 신들이 물리적으로는 물론이요, 더 나아가 '영적'으로라도 실제 존재한다고는 믿지 않는다. 그들은 내게 그냥 가공의 존재들일 뿐이다. 그러나 그들을 불러냄으로써, 나는 대다수가 그저 불운한 좌절로 여길 일들을 일종의 심리 게임으로 바꿀 수가 있다. 그렇게 하는 덕분에 나는 절망하거나, 화를 내거나, 의기소침하는 일 없이 시련에 대응할 수 있다.

심리 전략의 일환으로 가상의 신들을 소환하는 것이 꺼림칙한 사람들은 대신에 가상의 코치나 스승을 소환하면 된다. 그래도 심리적 효과는 똑같을 것이다. 하느님을 믿는 사람들이라면 문제의 그 시련을 하느님이 그들을 위해 마련한 계획의 일부로 여기고 대응해도 된다. 물론 무슬림에게는 알라가 세운 계획의 일부이겠다. 이것은 많은 기독교인과 무슬림이 이미 하고 있는 일이다. 나는 앞으로 스토아의 시험으로써 심리 게임과 그 뒤에 있는 심리학적인 연구에 관해 더 많은 이야기를 하고, 그 게임을 수행하는 최선의 방법을 조언하려고 한다. 하지만 그 전에 내 공항 이야기를 마무리하기로 하자.

"나한테 1점 추가!"

우리는 호텔 숙박권을 받고, 셔틀버스를 기다리라는 말을 들었다. 곧이어 버스에 올라타서 호텔에 도착했다. 나는 접수대 앞에서 차례를 기다렸다가 방을 배정받았고, 기껏해야 네 시간이나 될까 싶은 잠을 자러 발길을 옮겼다. 알고 보니 내 방에 가려면 로비에서 한참을 걸어가서 승강기를 타야 했는데, 도착해서 문을 열자 방 안이 어질러져 있었다.

만에 하나 내가 스토아주의자가 아니었더라면 이 시점에서 당연히 분노가 폭발했을 것이다. '아니 이렇게 멍청하단 말이야? 이 인간들이 어떻게 감히 나한테?' 하지만 이것도 스토아의 신들이 꾸민 시험의 일부라고 생각하자 오히려 다른 생각이 떠올랐다. '아주 영리한 묘책인걸! 이런 일이 벌어질 줄은 꿈에도 몰랐네. 훌륭합니다, 스토아의 신 여러분!' 나는 접수대로 다시 걸어가 직원에게 상황을 설명했다.

내가 직원에게 화를 냈더라도 그 당사자를 포함한 모든 사람이 이해했을 것이다. 그러나 이런 일이 군이 화를 낼 만한 가치가 있는 일이었을까? 내가 중요시하는 것이 나의 평정심인 한, 절대 아니다. 그 직원을 사악한 인간이 아니라 단지 스토아의 신들이 나를 위해 꾸민 이 시험의 보조 출연자일 뿐이라고 여긴 것 또한 내가 침착성을 유지하는 데 도움이 되었다.

직원은 방 열쇠를 내주면서 이 방은 '청소가 되어 있어야 하는' 방이라며 나를 안심시켰다. 이 예측은 옳았던 것으로 판명 났다. 나는 최대한 수면을 취하고, 다음 날 아침 일찍 로비로 내려가 우리를 다시 공항으로 데려다줄 셔틀버스에 탑승했다. 버스에 탄 사람들은 대부분 취소된 내 항공편에 같이 탑승하기로 되어 있던 승객들이었다. 사람들은 버스로 이동하는 내내 누가 뒤질세라 항공사, 공항, 호텔에 대한 불평을 늘어놓았다. 이 모든 광경을 지켜보면서 나는 그들과 불만에 찬 마음 상태를 공유하지 않아서 참 다행이다 싶었다.

사람들이 하고 있는 말들을 들으면서 나는 우리 21세기 인간들이란 얼마나 응석받이인가 성찰하게 되었다. 우리는 지금 냉방 버스에 타서 냉방이 잘 되어 있을 공항으로 가고 있으며, 냉방 비행기를 타고 나라를 가로질러 날아갈 수 있을 것이다. 비행기에서 혹시 갈증이라도 생긴다면 누군가가 우리가 고른 음료를 갖다 줄 것이고, 비행시간이 조금 길다 싶으면 누군가가 음식을 갖다 줄 것이다. 아랫배가 살살 아파온다 싶으면 복도 끝에 수세식 화장실이 있을 것이다. 그리고 잊지 말아야 할 것은 문제의 그 화장실에는 십중팔구 화장지가 있으리라는 점이다.

궁금했다. 미국의 개척자들이라면 과연 우리를 어떻게 생각할까? 아마 그들도 일생 동안 나라를 가로질러 다녔을 수 있겠지만,

그들의 여정에는 마차들과 몇 주에 걸친 불편과 그리고 어쩌면 적대적인(충분히 이해할 만한 일이지만) 아메리카 원주민들과의 조우까지도 수반되었을 것이다. 그렇다, 마차의 좌석들은 현대의 비행기 좌석보다는 공간이 더 여유로웠겠지만 많은 개척자들은 마차에 타지 않고 옆에서 걸었을 것이다. 이들 보행자들은 아마도 이미 짐이 과하게 실려 있는 마차에 추가로 부담을 주는 일을 피하고 싶었거나, 혹은 덜컹거리는 마차에 시달리느니 차라리 걸어가는 편이 더 낫다고 생각했을 수도 있다. 당시에는 어쨌거나 널찍한 고속도로 같은 것은 아예 있지도 않았고, 실제로 많은 곳에는 마차 바퀴가 굴러갈 만한 길조차도 거의 찾기가 어려웠다. 아 맞다, 또 한 가지 잊지 말아야 할 것은 이런 몇 주씩이나 걸리는 긴 여행길에 화장실이나 화장지는 아마도 꿈도 꾸지 못했으리라는 점이다! 우리가 최근에 겪은 좌절에도 불구하고, 우리 같은 현대적인 비행기 여행자들이 경험하고 있는 일들은 그들 눈에는 그저 기적으로밖에는 보이지 않았을 것이다. 그런데도 정작 여기서 우리는 지금 겪고 있는 불편과 인생의 불공정을 한탄하며 푸념을 늘어놓고 있었던 거다.

우리의 대체 비행기는 이번에는 별다른 말썽 없이 잘 이륙해서 착륙했다. 나는 우리 동네 공항에 내려 주차해 둔 자동차를 찾았고(휴!), 비유적이건 문자 그대로건 그 어떤 방해물도 마주치지 않고 집까지 운전해서 돌아왔다. 집에 도착했을 때 나는 이제 시험이 끝났다고 결론 내렸고, 그래서 내 활약에 점수를 주었다. 나는 눈앞에서 펼쳐진 다양한 도발들에도 불구하고 차분함과 침착성을 잃지 않았다는 점에서 꽤 잘했다고 생각했고, 승리감을 느꼈다. 나는 이번에도 혼잣말로 중얼거렸다. "나한테 1점 추가!" 내 생각에 나와 같이 비행기를 탄 승객들이 이런 낙관적인 태도로 고난을 헤쳐 나왔을 가능성은 없어 보였다. 나는 이 '좌절 반응(setback-response)' 전략을 많은 사례에서 사용했고 비슷한 결과를 얻었다.

스토아의 시험 전략

많은 사람들은 원하는 것을 얻지 못하면 자연스럽게 절망하거나 분노한다. 화내기, 그게 바로 우리가 하는 일이다. 다행히 실행하기도 쉽고 효과도 탁월한 다른 반응법이 있다. 나는 그것을 스토아의 시험 전략(Stoic test strategy)이라고 부른다. 앞에서 잠시 설명한 대로, 좌절에 직면했을 때 우리는 그런 상황을 가상의 스토아의 신들이 우리의 회복탄력성과 지략을 검사하기 위해 고안하고 출제한 시험으로 간주하는 것이다. 그들이 우리 앞에서 이런 교묘한 책략을 구사하는 목적은 우리의 일상을 더 고달프게 하려는 것이 아니라 더 낫게 하려는 것이다. 이 말이 역설적으로 들리겠지만, 이제 책의 본론으로 들어가면 어째서 우리가 이런 방식으로 시험받는 것에 감사해야 하는지 자세히 설명할 테니 한 번 나를 믿어보라.

스토아의 시험 전략은 그 이름이 담고 있는 바와 같이 고대 스토아주의자들이 고안했다. 스토아주의자들은 철학자들이었지만, 고대 세계에서 철학자들이 다양한 직업에 종사했다는 사실에 유념할 필요가 있다. 그들은 우리가 오늘날 철학이라고 생각하는 영역 말고도 물리학, 생물학, 수학, 논리학, 심리학 등의 분야에서 활약했다. 그들은 이들 각 분야에 큰 공헌을 했지만 그 가운데서도 심리학에 대한 스토아주의자들의 기여가 특히 인상적이다. 실제로 스토아의 시험 전략은 어떤 심리 현상에 대한 그들의 인식에 기초한 것으로서, 현대의 심리학자들이 이 현상을 재발견하여 프레이밍 효과(framing effect)라고 명명했다. 프레이밍 효과란 우리가 어떤 상황을 정신적으로 어떻게 특징짓느냐가 그 상황에 대한 감정적 대응에 큰 영향을 미친다는 것을 말한다.

스토아주의자들은 우리가 경험한 상황들을 '프레임(틀)'에 넣는 방식에 상당한 유동성이 있다는 사실을 깨달았다. 더 정확히 말해서, 그들은 우리가 좌절을 일종의 성격 테스트라고 생각함으로써 그 상황에 대한 우리의 감정적 대응을 극적으로 바꿀 수 있다는 사실을 발견했다. 특히 매우 심각한 좌절에 직면해서도 차분함을 유지하는 능력을 발전시킬 수 있으며, 이것이 결국은 우리 삶의 질에 커다란 영향을 미칠 수 있다.

많은 사람들이 스토아주의자들에 대해 잘못된 인식을 갖고 있다는 점을 언급해야겠다. 사람들은 스토아주의자들을 인생이 자기 앞에 내던진 것이면 무엇이든 주어진 대로 굴하지 않고 의연하게 받아들인 냉정한 존재들로 생각하지만, 이것은 사실이 아니었다. 그들의 목표는 인생에서 감정을 떨쳐내는 것이 아니라 절망, 분노, 슬픔, 시기 등과 같이 그들이 경험하는 부정적 감정들의 수를 최소화하는 것이었다. 그들은 기쁨이나 즐거움 같은 긍정적 감정들을 경험하는 것에 전혀 반대하지 않는다.

스토아주의자들은 모진 사람들이라기보다는 인생사를 긍정적으로 해석할 수 있는 엄청난 능력을 소유한 영원한 낙관주의자들로 간주해야 한다. 그들은 좌절을 겪을 때 절망과 분노를 경험하기는커녕, 좌절이 그들 앞에 선사한 도전에 성공적으로 대처한 것에 적지 않은 만족을 경험할 수 있는 사람들이다.

이 시점에서 스토아주의자들을 인내심 강한 사람들로 묘사하고 싶은 마음이 들 것이다. 그들은 실제로 그랬다. 다만 한 가지 단서를 먼저 고려하는 게 좋겠다. 어떤 의미에서 인내심 강한 사람은 불평 없이 좌절을 겪어낼 수 있는 사람이다. 하지만 그것은 스토아주의자들이 하던 일이 아니다. 그들의 목표는 좌절의 고통을 겪는 동안에도 평온을 유지하겠다는 것이 아니라, 좌절당하더라도 그로 인해 고통을 겪지 않겠다는 것이었다. 이것은 중요한 차이다.

일상의 질, 인생의 질을 높이는 법

이 책은 21세기판 스토아주의로 여길 만한 것을 공부하는 연습서이다. 나는 본론에서 세네카와 에픽테토스 같은 1세기 스토아 철학자들이 제안한 조언과 20세기 후반의 심리학자들이 수행한 연구를 한데 융합했다. 학계의 일부 학자들은 고전적인 스토아주의를 이런 방식으로 건드리면 안 된다며 나를 원망할지도 모른다. 그런 사람들은 스토아주의를 무슨 대단히 귀중한 고대 유물을 다루듯 한다. 완벽하게 밀폐된 보관함 안에 넣어 두고 밖에서 눈으로 보기만 하되 절대로 손을 대서는 안 되는 그 무엇처럼 여기는 것이다. 반면에 나는 스토아주의를 하나의 도구로 취급한다. 시간의 흐름 속에 마모된 촉을 뾰족하게 갈아야 할 필요는 있지만, 그럼에도 여전히 쓸모가 있을뿐더러 현대의 삶에도 매우 이로운 영향을 미칠 수 있는 도구로써 말이다.

내 생각에 아마 스토아주의자들은 그들의 신조를 내가 '업데이트'한 것에 반대하지 않았으리라는 말을 꼭 덧붙이고 싶다. 특히 세네카라면 기꺼이 받아들였을 것이다. "나는 스토아의 대가들 중 특정 한 사람을 맹종하지 않는다. 나 또한 의견을 가질 권리가 있다."[1]
라고 선언한 사람이 바로 그였으니까. 세네카가 갖고 있던 그 심오
한 스토아의 통찰을 나도 갖고 있다고는 감히 주장하지 않으나, 그
대신 나는 그에게는 없었지만 나는 쓸 수 있는 무언가를 갖고 있다.
20세기 후반에 아모스 트버스키(Amos Tversky)와 대니얼 카너먼
(Daniel Kahneman) 같은 심리학자들이 인간의 마음은 어떻게 작동
하는가에 관해 얻어낸 통찰들이다. 나는 좌절에 대처하는 스토아
의 시험 전략을 탐구하고 설명할 때 이들의 통찰을 사용할 것이다.

나는 먼저 우리가 당하기 쉬운 종류의 시련과 그런 시련에 전형
적으로 반응하는 방식들을 서술할 것이다. 많은 사람들이 절망하
거나 분노하거나 불안해하거나 아예 낙담하는 데 반해서, 어떤 사
람들은 좌절을 수월하게 극복한다. 그런 사람들은 어떻게 그럴 수
있는 걸까? 그리고 우리도 그런 사람들처럼 될 수 있을까?

그다음 나는 좌절의 심리학을 탐구할 것이다. 어째서 좌절이 지
금처럼 우리에게 정서적으로 영향을 미치는 걸까? 더 나아가 나는
그런 좌절을 그저 불운한 경험으로 여기는 대신에 우리의 회복탄
력성과 창의성 시험으로 여기도록 하는 프레임 바꾸기를 어떻게
할 수 있는지 보여줄 것이다. 그렇게 하면 좌절에 대한 우리의 대응
방식에 큰 영향을 미칠 수 있다. 분노와 불안을 고루 경험하는 대신
에, 우리는 좌절이 우리에게 선사한 도전에 맞서는 열정적인 자신

의 모습을 발견하며 깜짝 놀랄지도 모른다.

마지막으로 나는 스토아의 시험 전략을 활용하는 것이 단지 일상을 더 나아지게 해주는 것 말고도 우리가 좋은 삶을 살아가도록 도와줄 수도 있다는 점을 보여줄 것이다. 그리고 이 세계에서 졸업해야 할 시간이 찾아왔을 때 훌륭한 죽음을 맞이할 수 있게 해준다는 점까지도.

1부

우리가 좌절을 겪을 때

행복은
우리 뜻대로 해낼 수 있는 것과
그렇지 못한 것을
구분하는 능력에 비례한다.

에픽테토스

1장

삶은
좌절의 연속이다

때로는 인생이 술술 풀리고 빛나기까지 하는 시기가 있다. 그러다가도 갑자기 방해물이 등장한다. 이런 일은 직장에서나 집에서나 일어날 수 있다. 혹은 나의 공항 이야기처럼 여행 중에 발생할 수도 있다. 우리가 짜 놓은 원래 계획이 더 이상 소용 없게 된 것이고, 따라서 우리는 새로운 계획을 고민해야 한다.

평소에 우리는 많은 좌절을 겪는다. 모서리에 발가락을 찧을 수도, 아침 식사로 굽던 토스트를 태울 수도 있다. 우산도 없이 비를 만날 수도, 꼼짝없이 교통체증에 걸려 직장에 지각할 수도 있다. 그러나 이런 일들은 낮은 수준의 좌절이다. 그저 귀찮은 일이 생긴 정도고, 판에 박힌 일상에서 어쩌다 딸꾹질을 하는 수준일 뿐이다. 독감에 걸리는 바람에 며칠간 계획했던 일들을 망치기라도 한다면 더 큰 좌절이 될 것이다. 예기치 않게 실직을 하면 몇 달간 계획했던 일들을 상당수 바꿀 수밖에 없을 테니 확실히 중대한 좌절이라 할 수 있다. 하지만 이런 정도의 좌절은 배우자의 죽음이나, 자신이 치명적인 질병에 걸렸다는 사실을 알게 되거나, 억울하게 범죄의 누명을 쓰고(혹은 자신이 실제 저지른 범죄로라도) 수감되거나 하는 경우들에 비하면 별 거 아니다.

우리는 자신의 죽음을 중대한 좌절로 여길 수도 있겠으나, 그럴지 아닐지는 죽은 후에 무슨 일이 벌어질지에 달려 있다. 죽음 이후의 삶 같은 없다고 가정해 보라. 그러면 우리의 죽음이 살아 있는 주변 사람들에게는 좌절로 여겨질지 모르나, 정작 우리 자신에게는 좌절이 아닐 것이다. 내세가 존재하지 않는다면, 우리가 죽는다고 해서 우리가 짠 계획을 바꿔야 할 필요는 없다. 대신 그것은 계획 짜는 일 그 자체의 종료, 즉 마침표를 의미할 것이다.

만약 내세라는 것이 있다면 죽음을 좌절로 여길 수도 있다. 만약 환생이 사실이라면 우리는 인간으로 다시 태어날 수 있으며, 그럴 경우 우리의 죽음은 좌절에 대처해야 할 또 한 번의 인생을 의미하고, 그래야 한다는 것 자체가 또 다른 중대한 좌절일 수도 있을 것이다. 그런데 만약 인간이 아니라 가령 모기로 환생한다면, 우리는 전혀 새로운 형태의 도전에 직면할 것이다. 물론 그럴 때 아마도 우리가 그런 도전을 좌절로 생각할 만큼 충분한 지적 능력을 갖고 있지는 않겠지만.

하지만 죽음 이후 다른 몸이 아니라 우리 자신의 몸으로 환생해 삶을 지속한다고 가정해 보라. 만약 내세의 삶을 지옥에서 보내야 한다면 우리의 죽음은 상상 가능한 최대의 좌절일 것이다. 만약 천국에서 내세를 살게 된다면 우리의 죽음은 좌절이 아니라 커다란 발전일 것이다. 이를테면 'setback(좌절)'이 아니라 'setforward(전진)'이라고나 할까. 왜냐하면 그것은 대단히 나은 생활로의 전환을 의미할 테니까.

하지만 우리가 천국에서 영원한 행복을 누리게 될지는 분명치 않다. 문제는 우리가 그곳으로 갈 때 우리의 인간성도 같이 가게 되리라는 것이다. 그 인간성 안에는 우리가 지금 누리고 있는 것을 뭐든지 그저 당연시하는 성향도 포함될 가능성이 아주 크다. 머지않아 우리는 천국의 완벽성을 그저 당연하게 받아들일 테고 따라서 우리가 기쁨을 얻는 일도 곧 멈출 것이다. 신의 무한한 지혜를 고려할 때, 어쩌면 그분은 우리가 응석받이가 되는 것을 방지하기 위해 천국에서도 가끔은 사소한 좌절을 경험하도록 유도할지 모른다.

유사한 논리에 따라 사탄도 (만일 그런 자가 존재한다면) 아마 좌절이 있는 지옥이 그렇지 않은 지옥보다 더 지옥답다는 사실을 깨달을 것이다. 따라서 사탄은 저주받은 사람들로 하여금 자신들이 처한 상황이 절망적이라고 생각하지 못하게 하려는 조치들을 취할 것이다. 특히 그는 정기적으로 그런 사람들이 한 줄기 희망의 빛을 경험할 수 있도록 허용할지도 모른다. 바로 그렇게 해놓고 뒤이어 잔인하게 그 빛을 꺼버림으로써 그들에게 좌절을 안길 수 있는 것이다.

우리를 좌절하게 하는 것들

때로는 우리를 좌절케 하는 것이 바로 자연이다. 찻길에 고라니가 뛰어들 수 있고, 그 바람에 우리가 그 녀석을 산산조각 낼 수도 있다. 아니면 폭풍우가 몰아쳐서 한 주 동안 정전 상태로 지낼 수도 있다. 그렇게 지내는 동안 우리가 얼마나 전기의 존재를 당연시해 왔는지 깨달을 것이다. 그리고 전기가 복구된 후에 조금만 주의를 기울여 보면 우리가 전기를 다시 당연한 것으로 받아들이는 데 걸리는 시간이 얼마나 짧은지를 발견하게 될 가능성이 크다.

하지만 대부분의 경우에 우리의 앞길을 가로막는 것은 자연이 아니라 다른 사람들이다. 우리를 해치려는 의도 없이 그러는 경우가 흔하다. 예를 들면, 미숙한 웨이터는 손님의 주문을 뒤죽박죽으로 만들어버릴 수 있다. 혹은 운전자가 고라니를 피해 운전대를 확꺾음으로써 잠깐의 좌절을 피할 수 있을지도 모르나, 결과적으로 자동차가 정상 차로를 벗어나 충돌할 수 있고 그 바람에 재정적으로나 의료적으로 피해를 입어 좌절할 수 있을 것이다.

누군가가 고의적으로 우리를 좌절시킬 수도 있다. 나쁜 성적을 받아온 십 대 딸을 벌주기 위해 아버지는 딸의 운전면허증을 한 달 동안 압수할 수도 있다. 딸에게는 이것이 상상 가능한 최악의 좌절 중 하나일지도 모른다. 마찬가지로 누군가가 호주머니를 털어가서 우리를 좌절시킬 수도 있을 것이다. 그 사람이 소매치기를 한 이유가 암거래 중에 자기 돈을 도둑맞았기 때문일 수도 있는데, 이런 경우라면 우리에게 좌절이었던 이 소매치기 사건이 도둑에게는 좌절 회피 수단일 것이다. 이와 같은 사례들은 좌절도 질병처럼 전염될 수 있다는 것을 보여준다. 그리고 마지막으로 온전한 악의가 누군가를 부추겨 다른 사람을 좌절시킬 수도 있다. 어릴 때 그저 동생이 우는 꼴을 지켜보는 즐거움을 위해서 그 녀석이 가장 좋아하는 장난감을 빼앗아봤던 적이 있었을 거다.

누군가가 나를 좌절시켜 화가 날 때, 비록 다른 사람들이 내가 겪은 수많은 좌절에 책임이 있다 치더라도 나 역시 그들의 많은 좌절에 책임이 있다는 사실을 떠올리는 것이 좋다. 그렇다, 우리는 그들이 화를 돋우는 존재들이라고 생각하지만, 어쩌면 그들 역시 우리가 화를 돋운다고 생각할 수 있다. 특히 그들은 우리가 너무 쉽게 짜증을 내기 때문에 짜증이 날 수도 있다. 이런 사실은 잊어버리기 쉽다. 우리는 자신이 타인에게 일으킨 문제보다 타인이 자신에게 일으킨 문제를 더 심각하게 받아들이기 때문이다. 우리가 성숙했음을 보여주는 한 가지 증거는 자신이 의도했든 아니든 주변 사람들의 삶을 어느 정도로 어렵게 만들고 있는지를 아는 것이다. 그러므로 우리는 세네카의 말을 명심해야 한다. "우리는 나쁜 사람들 사이에서 살고 있는 나쁜 사람들이다. 그리고 오직 한 가지만이 우리를 안정시킬 수 있다. 우리가 서로에게 너그러이 대하기로 동의해야 한다는 것이다."[1]

우리가 겪는 좌절에 관해서 명심해야 할 또 한 가지는 시련을 야기한 사람들의 명단을 작성할 때 반드시 우리 자신도 그 명단에 포함시켜야 한다는 것이다. 그것도 맨 위가 아닐까 한다. 우리가 겪는 수많은 고난은 내 자신이 세운 엉터리 계획의 결과물이다. 자동차를 몰고 나서기 전에 연료를 확인하지 않아서 중간에 연료가 바닥났다거나, 혹은 휴가 마지막 날에 알람을 맞춰 놓지 않은 바람에 늦잠을 자서 집으로 돌아가는 비행기를 놓쳤다거나 하는 경우들이다. 다른 경우에서도 우리는 엉터리 선택 때문에 시련을 겪을 수 있다. 예를 들면, 백신 접종을 거부하는 바람에 대상포진 증상을 키울 수 있는 것이다.

좌절의 이중 비용

좌절과 욕망은 서로 연결되어 있다. 무언가를 좌절로 여길지 말지는 당사자가 무엇을 원하는지에 달려 있으며, 그 좌절의 정도가 얼마나 심각한 것인지는 그 사람이 그것을 얼마나 간절히 원하느냐에 달려 있다. 많은 사람들에게 감기는 그저 성가신 일일 뿐이지만, 올림픽에 출전하려고 수년 간 연습해 온 마라톤 선수에게 시합 전날에 걸린 감기란 실로 중대한 좌절일 것이다. 같은 방식으로 생각해보면, 여섯 살 소녀일 때 앞니 두 개가 빠진다면 그건 좌절이 아니라 통과의례일 것이다. 이의 요정에게 보상을 받을 수 있는 기회이기도 하다. 하지만 결혼식 날 아침에 앞니가 빠진다면, 그것은 거의 확실한 재앙일 것이다.

좌절과 욕망 간의 관계를 고려할 때, 누군가 욕망을 전혀 경험할 수 없는 사람이 있다면 그 사람이 좌절로 여길 수 있는 것은 아무것도 없을 것이다. 거꾸로 만사가 정확해야만 하는 사람에게는 좌절은 아마도 매우 불행한 생활 속에서 늘 발생하는 사건일 것이다. 더 나아가 특이한 욕망을 가진 사람은 특이한 좌절을 체험할 것이다. 물에 빠졌을 때 대부분의 사람들은 착한 사마리아 사람이 건져준다면 축복으로 간주하겠지만, 자살을 시도한 사람에게는 좌절일 것이다.

얼마나 많은 좌절을 경험하느냐는 내가 말한 바대로, 그 사람이 얼마나 많은 선견지명을 가졌느냐에 달려 있다. 생각 없는 사람의 일상생활은 십중팔구 자신이 예측 못한 온갖 방해물로 가득 차 있을 것이며, 결과적으로 그 사람은 인생이 절망적이고 불공정하다고 생각할 가능성이 있다. 만약 그 사람이 그렇게 생각 없는 사람이 아니었더라면 자신이 겪는 불운의 이유를 헤아렸을 것이다.

사려 깊은 사람들은 대조적으로 세상이 어떻게 돌아가는지 공부하고 그렇게 해서 얻은 지식을 자신의 활동 계획에 활용함으로써 자신이 겪는 좌절의 횟수를 최소화할 것이다. 물론 미래의 계획을 조심스럽게 짜는 사람에게도 인생은 좌절을 선사하는 경우가 흔하다. 연료를 가득 채우고 최근에 점검까지 받은 하이브리드 자동차의 컴퓨터 장치가 고장을 일으키는 바람에 자동차가 러시아워에 고속도로 한복판에서 멈춰 설 수도 있으니까.

지금 이런 글을 읽고 있는 독자라면, 예상되는 좌절을 예방하기 위해 미리 시간과 에너지를 쓰는 사려 깊은 사람일 것이다. 그런데 혹시 예측할 수 없는 좌절로 인해 생긴 정서적인 상처를 최소화하기 위한 전략을 개발하는 데에도 시간과 에너지를 사용한 적이 있던가? 꼭 그래야 한다. 왜냐하면 좌절이 부과하는 비용을 모두 합쳤을 때 단연코 가장 비중이 큰 항목은 좌절이 촉발한 정서적 고통이기 때문이다.

우리는 좌절이 인생에 미친 영향력을 살펴봄으로써 좌절에 대한 중요한 통찰을 얻을 수 있다. 자기가 겪은 좌절, 그런 좌절의 원천, 심각성 정도, 그리고 좌절에 대한 나의 대응 방식 등을 기록한 이른바 좌절 일지를 써보라. 그렇게 하면 좌절이 어느 정도로 이중 비용을 발생시키는지를 깨달을 것이다. 첫 번째는 물리적 비용이라고 할 수 있을 것이다. 고속도로에서 자동차가 고장 났을 때 이 좌절에 대처하려면 돈을 써야 하는 것은 물론, 그밖에도 물리적으로 해야 할 일들이 많다. 마찬가지로 의사에게 암 진단을 받는다면, 앞으로 받게 될 치료법은 아픔과 불편이라는 측면에서도 물리적인 비용을 발생시킬 것이다.

그러나 이런 물리적 비용 말고 정서적 비용도 있을 것이다. 자동차가 서버리면 우리는 매우 화가 날 수 있고, 암 진단을 받으면 깊은 슬픔에 빠질 수도 있다. 그뿐 아니라 많은 경우에 좌절의 정서적 비용은 물리적 비용보다 훨씬 크다. 그러니 좌절의 정서적 비용을 줄이거나 아예 완전히 없앨 수 있다면 대단한 일이 아니겠는가? 나는 스토아의 시험 전략을 사용함으로써 그렇게 될 수 있다는 사실을 밝히려고 한다.

좌절에 반응하는 사람들의 자세

우리는 다른 사람들이 좌절에 어떻게 반응하는지 공부함으로써 많은 것을 배울 수 있다. 그런 공부는 사람들이 자신이 겪은 시련 이야기를 기꺼이 공유하면 더 쉬워진다. 때로는 누군가에게 "요즘 하는 일 어때?" 같은 인사를 건네는 간단한 행위가 시작이 될 수도 있다. 또한 친구에게 온수보일러에 누수가 생겼다고 한 마디 던진 것이 공통의 좌절감을 이끌어낼 수도 있다. "작년에 우리 집도 그랬어."

사람들은 또한 어떤 좌절담을 나누더라도 늘 자기가 이기려고 하는 경향이 있다. 어떤 식당에서 식사를 하고 아팠다고 이야기를 하면, 상대방은 자기가 멕시코의 티후아나에 있는 타코 노점에서 음식을 사 먹고 난 뒤 3일 동안 아팠던 기억을 아주 자세하게 늘어놓는 식으로 응수하기도 한다. 또한 어떤 사람들은 자기가 겪은 시련을 그냥 언급하는 정도가 아니라 아예 전적으로 그것에 관해서만 이야기하기도 한다. 그리고 그러는 과정에서 그 시련으로 인해 촉발되었던 분노를 생생하게 되살려낸다. 굳이 말할 필요도 없겠지만, 그런 사람들은 친구로 삼기에 가장 좋은 사람들은 아니다. 어쨌든 그런 사람들을 만날 때는 깊이 주의를 기울여야 한다. 때로는 나 역시 그런 사람들이 하는 방식대로 좌절에 대응하곤 하는 것은 아닐까? 만약 그렇다면 그런 경향성을 극복할 수 있는 방법이 있을까? 만약 그럴 수 있다면 우리의 일상은 훨씬 더 순조로울 것이며, 결과적으로 우리가 예전과는 다른 방식으로 인생을 즐기고 있다는 사실을 발견할 수도 있다.

때때로 우리는 좌절 이야기를 일종의 공공 서비스로 공유한다. 우리는 타인들에게 좌절 이야기를 하면서 이 이야기가 그들 역시 마주칠지도 모르는 방해물에 관한 경고가 되기를 바란다. 그리고 우리가 그런 좌절에 대응했던 방법을 이야기해줌으로써 우리의 경고에도 불구하고 그들이 그런 방해물의 희생자가 되었을 때 그들이 대처하도록 도울 수 있다. 어떤 때는 우리의 도움을 원하기 때문에 우리에게 자신의 좌절 이야기를 해주는 사람들도 있다. 지갑을 털려서 현금이건 신용카드건 신분증이건 하나도 남은 게 없다고 이야기하는 낯선 사람을 생각해 보라. 또 어떤 때 누군가가 좌절 이야기를 전하면서 그 좌절을 불러 온 사회적 불의에 맞서는 싸움에 우리가 합세해줄 것을 희망하기도 한다.

사람들은 또한 자신들이 좌절에 직면해서 발휘한 회복탄력성과 그에 대한 해결 방안을 찾아낸 창의력에 우리가 감명받길 바라며 좌절 이야기를 꺼내기도 한다. 또 다른 사람들은 우리의 존경이 아니라 동정을 구하려는 정반대의 동기에서 좌절담을 이야기하기도 한다. 그런 사람들은 특히 우리가 자기들의 좌절 이야기를 듣고 '당신이 겪은 좌절은 당신 잘못이 아닙니다'라고 안심시켜 주기를 바랄 수도 있다. 대신 책임은 불공정한 세상에 있다고 말이다.

사람들은 좌절을 키운다

좌절을 겪은 사람들을 지켜보는 일은 기분 좋은 보상이 될 수 있다. 그들이 마땅히 좌절을 겪을 만하다고 생각하는 한 그렇다는 것이다. 예를 들어, 입이 거친 직장 상사가 더 윗사람에게 즉석에서 해고당한다고 상상해 보라. 오, 드디어 이 땅에 정의가 실현되었군! 좌절을 극복하는 사람들을 지켜보는 것 또한 즐거운 일일 수 있다. 사람들이 스포츠 경기 관람에 흥미를 갖는 이유 중 하나도 그것이다. 우리는 죽어라 응원하는 팀이 상대 팀에게 좌절을 안겨주는 모습을 간절히 보고 싶어 한다. 우리는 또한 자기가 좋아하는 팀이 지금까지의 좌절을 딛고 영웅적인 방식으로 부활하는 모습을 지켜보는 것을 사랑한다. 스포츠에서 시련이 빠진다면 스포츠 관람은 집 앞에서 잔디 깎는 사람을 지켜보는 일처럼 지루한 일상이 될 것이다.

스포츠를 보고 있지 않을 때는 소설을 읽으면서 시간을 보낼 수도 있다. 문학에 대한 관심도 우리가 좌절에 매료되어 있기 때문이라는 사실로 일부 설명이 가능하다. 소설은 좌절로 가득 차 있고, 그런 좌절에는 타당한 이유들도 다 있다. 등장인물 두 사람이 첫 만남에서 사랑에 빠지고, 결혼하고, 한 번도 싸우지 않고 그 후로도 영원히 행복하게 살았다는 소설은 상업적인 실패를 맛볼 것이다. 작가들도 이를 알기에 일부러 등장인물들이 방해물을 맞닥뜨리도록 한다. 결과적으로 소설 속 등장인물들은 순조롭게 맺어지지 않는다. 가슴이 미어지기도 한다. 또한 그들의 인생은 온갖 드라마로 가득 차 있다. 질병에 걸릴 수도 있고 범죄의 희생양이 될 수도 있다. 영화도 마찬가지다.

대부분의 사람들은 소설이나 영화 대본을 써볼 생각을 하지 않는다. 자기에게는 그런 일을 하는 데 필요한 상당 수준의 창조성이 없다고 생각하기 때문이다. 하지만 그런 사람들에게 최근의 시련을 기술해 보라고 하면, 그들에게서 창조의 에너지가 솟아날 것이다. 그들은 자신이 겪은 시련이 실제보다 예측하기 더 어렵고 더 도전적이었던 것처럼, 자신의 좌절담에 폭풍우도 가미하고 등장인물들도 여럿 출연시킬 것이다. 이렇게 그들은 그 시련에 대한 자신의 해결책이 훨씬 더 기가 막힌 것처럼 보이게 만든다. 설령 해결책을 찾는 데 실패했다 하더라도, 그 시련이 그 정도로 극적이라면 그에 따른 실패는 훨씬 더 납득할 만한 일이 된다.

창조의 에너지가 솟아나는 또 다른 시간은 우리가 잘 때이다. 우리는 이상한 일들에 관한 꿈을 꾸는데, 좋은 꿈도 있고 나쁜 꿈도 있다. 나쁜 꿈을 나쁘게 만드는 한 가지 요인은 우리가 꿈에서 경험하는 좌절이다. 필요한 것들을 발견하지 못할 수도, 만나야 할 사람들을 만나는 데 방해를 받을 수도, 혹은 사랑하는 사람에게 위험이 임박했을 때 경고의 한 마디를 외쳐주는 일처럼 우리가 반드시 해야 할 일을 못하게 될 수도 있다. 하나의 꿈에 여러 개의 좌절이 있을 수도 있다. 하나의 시련에 대해 해결책을 발견했다고 생각하는 바로 그 순간, 또 다른 시련이 그 해결책을 실행하지 못하게 가로막는다. 이런 젠장! 마침내 우리의 꿈꾸는 자아가 이런 좌절은 극복할 수 없겠다고 결론 내릴 때가 있다. 이를테면 용 한 마리가 파충류의 발톱을 날카롭게 세우고 숲을 가로지르는 오솔길을 가로막고 있다고 상상해 보라. 그럴 때 우리는 흔히 잠에서 깨어나는 것으로 대응한다. 그러면서 아마도 지난 밤 꿈에서 겪은 좌절을 지인과 공유할 수밖에 없다고 느끼게 될 것이다.

우리가 꿈이 아닌 현실에서 겪는 좌절은 단지 눈을 뜬다고 간단하게 사라지지 않는다. 따라서 그런 좌절에 대처하는 효과적인 전략을 세우는 것이 중요하다. 불운하게도 많은 사람들이 채택하는 전략이 딱히 효과적이지는 않으며, 오히려 역효과를 내기도 한다. 그로 인해 처음에는 절망을, 그다음으로는 분노를 느끼게 된다. 이는 좌절로 입은 피해를 실질적으로 키우는 꼴밖에는 되지 않는다.

2장

분노하는
어리석은 사람들

좌절에 대응하는 방식은 사람마다 다르다. 어떤 사람들은 좌절에 매우 민감하다. 그런 사람들의 감정 상태에는 사소한 좌절마저도 무시하지 못할 영향력을 미치고, 그런 사람들은 좌절을 겪고 난후에도 신속하게 원래 상태를 회복하지 못한다. 그들은 좌절을 이겨 낼 해결 방안을 도저히 못 찾겠다고 생각할 수도 있다. 혹은 자기이야기를 귀담아 들어줄 사람에게 희생자를 자처하면서 자신이 이런 식으로 좌절을 겪은 것이 얼마나 부당한지 불평을 늘어놓을 수도 있다. 더 나아가 그들은 자신은 희생양이 된 거라 자신이 직접 해결 방안을 찾아야 할 이유가 없다고, 누군가 다른 사람이 자신을 위해 그 일을 대신 해 줘야 한다고 주장할 수도 있다.

하지만 우리 대부분은 이보다 더 강하다. 우리는 자신이 겪은 좌절 때문에 무력감이나 패배감을 느끼기보다 실망감을 느낀다. 많은 경우 이런 반응은 자연스럽다. 공기 중에 꽃가루가 떠다닐 때 알러지 환자가 재채기를 해야겠다고 마음먹는 게 아니듯, 좌절에 부딪혔을 때 우리도 실망하기로 마음먹는 것은 아니다. 그냥 그렇게 되는 것뿐이다.

하지만 재채기와 실망감 사이에는 중요한 차이가 있다. 재채기는 우리의 콧구멍을 간지럽히던 이물질을 제거하여 우리의 기분을 더 낮게 해준다. 반면에 실망감은 보통 분노를 낳는다. 분노는 행복과는 양립할 수 없으므로 불행이라고 할 수 있다. 실제로 분노는 즐거움의 반대로 여겨질 수 있다. 결국 좌절에 대한 대응으로 실망하는 것은 대체로 우리의 기분을 더 나아지게 하기보다는 오히려 더 나빠지게 한다.

불행하게도 우리가 경험하는 분노는 전염되기 십상이다. 왜냐하면 우리의 좌절이 촉발한 분노란 흔히 누군가를 겨냥하기 때문이다. 그리고 우리가 그 사람에게 분노를 표출하면 그 사람도 우리에게 되갚음으로써 대응할 것이다. 어떤 때는 우리를 화나게 한 당사자가 아니라 '무고한 주변인'과 우리의 분노를 공유하기도 한다. 그렇게 하는 이유는 우리가 자신의 분노에 대한 정당성을 추구하기 때문이다. 우리는 자신이 화를 낼 만한 이유가 차고 넘친다는 점을 그 사람이 확인해주기를, 한 걸음 더 나아가 그 사람이 우리를 가엾게 여기기를 바란다. '가엾게 여기다'를 의미하는 'commiserate'라는 단어는 라틴어 단어 'commiseratus'에서 유래했는데, 이 단어는 '함께'를 의미하는 'com'과 '비참하다'를 의미하는 'miser'에서 파생되었다. 다른 말로 하면, 우리는 그들도 함께 분노하기를 원하며 그럼으로써 그들과 비참함을 함께 나눌 수 있다는 것이다. 물론 한 사람이 무언가에 화를 내는 것이 어리석은 짓이라면, 두 사람이 그러는 것은 두 배로 어리석은 짓이 될 것이다. 특히 그 두 번째 사람이 첫 번째 사람을 화나게 한 바로 그 대상에 직접 영향을 받은 것이 아니라면 더욱 그렇다.

이런 이치에 따라서 내가 어떤 좌절을 겪고 난 후에 어떤 친구가 자신도 내게 그 일 때문에 안 좋은 기분이 든다고 말한다고 가정해 보라. 그 친구가 문자 그대로 기분이 안 좋은 것은 아닐 수도 있다. 그 친구로서는 그저 자기는 그런 좌절을 겪지 않았으면 좋겠다는 바람을 에둘러 말한 것일 수도 있다. 이런 행동은 완벽하게 이해할 수 있을 법하다. 하지만 그 친구가 문자 그대로 정말 기분 나빠한다고, 특히 내가 좌절을 겪은 일 때문에 그 친구가 정말로 화를 내거나 슬퍼한다고 가정해 보라. 이것이야말로 나 같은 스토아주의자라면 절대로 보고 싶지 않은 장면이다. 나는 좌절을 극복할 해결 방안을 찾기 위해 친구에게 조언을 구할 수는 있지만, 결코 친구에게 내가 당한 좌절에 대해 함께 화를 내 달라거나 슬퍼해 달라고 요청하지 않을 것이다. 아니, 그런 기대조차 하지 않을 것이다. 이런 종류의 '가여워함'은 1인분의 좌절을 2인분의 좌절로 바꾸며, 첫 번째 사람이 좌절을 극복하는 데에도 도움이 되지 않는다. 문제를 더 악화시킬 뿐이다.

전염병보다 무서운 분노

화가 치밀어 오를 때 우리에게는 두 가지 선택지가 있다. 분노를 그대로 표출하거나 억압하는 것이다. 만약 억압한다면, 그 분노는 우리 안에 뿌리를 내리고 일종의 겨울잠에 돌입할 수 있다. 그러면서 시기가 안 좋은 순간을 골라 다시 생명력을 찾기를 기다릴 것이다. 우리를 화나게 한 좌절을 겪고 나서 1년이 지난 후에도 분노는 우리의 의식 속에서 불꽃처럼 다시 타오를 수 있다. 더군다나 이렇게 분노가 문득문득 되살아나는 일이 수십 년간 지속될 수도 있다. 사람들은 나이가 들면서 많은 것을 잊어버리지만 자신이 오래 전에 당한 부당한 처사들은 끝까지 잊지 못한다. 오늘이 무슨 요일인지, 심지어 올해가 몇 년인지도 알지 못하는 나이 아흔의 할머니가 반세기 전에 자기를 화나게 한 사건에 관해서는 꽤나 상세한 내

용과 되풀이되는 분노를 담아 자세히 설명할 수도 있다.

그럼 분노를 누르는 대신에 그것을 표출한다고 가정해 보자. 만약 법을 어기는 방식으로 분노를 표출한다면 철창 신세를 질 수도 있다. 사회적으로 수용될 만한 방식으로 표출하는 분노는 그 분노를 유발한 당사자에게 상처를 줄 수도 있고 안 줄 수도 있지만, 확실히 우리 자신에게는 부정적인 영향을 미친다.

화를 내는 사람들 가운데, 그들을 진정시키려는 사람들에게 자신은 지금 화를 낼 확실한 권리가 있다고 말하는 경우가 있다. 그런 분노가 당사자를 더 비참하게 만들고 있다는 점을 지적하기라도 하면, 그들은 약간의 분한 마음을 보태서 자신은 비참할 수 있는 확실한 권리를 갖고 있다고 말할지도 모른다. 만약 그때 그런 권리의 가치에 의문을 제기한다면, 그들은 한 발 물러서서 겪은 일을 고려하면 자신들이 비참한 신세가 되리란 것은 완벽하게 납득 가능하다고 말할지 모르겠다. 그렇다. 충분히 납득할 만하지만, 어쨌든 그것은 불행한 일이다. 그리고 혹시라도 그들이 충분히 피할 수도 있었던 분노를 자주 경험한 결과로 불필요하게 비참한 인생을 살았다면 그건 비극이 아닐까?

스토아 철학자 세네카는 화를 내도록 스스로를 방치하여 우리가 얼마나 많은 손해를 입게 되는지 알고 있었다. 그는《화에 관하여》에서 "어떤 전염병도 인간 종족에게 더 많은 비용을 치르게 하지 않는다"라고 주장한다.[1] 분노 때문에 사람들은 서로를 모욕하고 고소하며, 때로는 이혼하거나 서로를 때리고 죽이기까지 한다. 분노 때문에 그런 사람들이 사는 국가들은 전쟁에 나서고, 결과적으로 수백만 명의 사람들이 한 번도 만난 적이 없는 사람들의 손에 죽임을 당할 수도 있다. 도시는 폐허로 변할 수 있고 문명이 몰락할 수도 있다.

2000년 동안 유효했던 조언

그렇다면 어떤 이가 우리에게 잘못을 저질렀을 때 우리는 어떻게 해야 할까? 첫 번째 목표는 화내는 일을 피하는 것이어야 한다고 세네카는 말한다. 그렇게 되면 처리해야 할 분노도 없을 것이고 따라서 표출하거나 억압해야 할 분노도 없을 것이다. 많은 사람들은 이런 조언을 그 자리에서 묵살할 것이다. 화를 내지 않는 것은 우리 능력 밖의 일이라고 그들은 말할 것이다. 사람들은 그저 그렇게 할 뿐이라고 말이다.

나는 반대로 주장할 것이다. 비록 내가 나 자신을 분노의 화신이라고까지 말하지는 않겠지만, 확실히 나도 화를 낼 줄 아는 사람이다. 그러나 스토아 철학을 공부한 결과 내 인생에서 분노의 역할은 바뀌었다.

분노에 관한 나의 갑작스러운 깨달음은 병원 진료실에서 얻었다. 나는 병원 진료 때 뭔가 읽을거리를 가지고 간다. 의사들이 늦는 경우가 아주 흔하기 때문이다. 그날 나는 분노에 관한 세네카의 논고를 가지고 갔다(딴 게 뭐가 있겠는가?). 의사는 결국 한 시간 늦게 나타났고 그러는 동안에 나는 흥미로운 사실을 깨달았다. 내게는 나를 기다리게 한 의사에게 화를 낼 확실한 권리가 있다는 것을 너무도 잘 알고 있었지만, 나는 내가 그렇게 하도록 둘 수 없었다. 세네카가 그렇게 하는 것은 어리석은 짓일 뿐이라고 나를 설득했기 때문이다. 그에 따르면 화를 내는 사람은 오로지 자기 자신에게만 상처를 입힐 뿐이라고 했다. 이 작은 사건은 걸핏하면 화를 내던 습관에서 벗어나는 문제를 해결할 가능성을 입증했다. 예전에는 도저히 불가능하다고 생각했던 일이다.

이렇게 불현듯 깨달음을 얻고 나서, 나는 내 삶에서 분노가 수행하는 역할을 주의 깊게 관찰했다. 교통 체증을 만났을 때 나는 다른 차 운전자들에게 고래고래 소리 지르는 내 모습을 지켜보았다. 하지만 어차피 그들에게 내 말은 들리지도 않는다. 설령 들린다 해도 그들 역시 나처럼 옴짝달싹할 수 없으며, 따라서 지금 가만히 있는 것 말고 달리 할 수 있는 일이 별로 없다. 그러면 나는 왜 소리를 질렀을까? 소리를 지르면 내 기분이 더 나아지기 때문이 아니었겠는가? 실제 그랬을지도 모르지만 그래 봐야 잠깐일 뿐이다. 그러고 나서도 분노는 다시 끓어오를 것이다. 나는 애당초 화를 내지 않았더라면 훨씬 나았을 거라고 내 자신에게 말했다. 그랬다면 잠깐만이라도 기분이 나아지게 하려고 소리를 지르든 어쩌든 뭐라도 했어야 할 필요조차 없었을 것이다.

분노에 대한 탐구를 계속하면서 나는 화를 내서 내가 스스로에게 입히는 추가적인 피해의 증거들을 모았다. 예를 들면, 나는 텔레비전에 출연한 정치인들에게 고함을 지르는 내 자신을 발견했다. 그자들이 내 말을 들을 수도 없는데, 참으로 어리석은 행동이 아닌가? 나는 또한 과거에 경험했던 어떤 분노의 불꽃이 내 안에서 되살아나고 있는 광경을 목도했다. 몇 달 전에 당했던 부당한 일이 나도 모르게 내 마음속으로 미끄러져 들어온 때는 막 잠이 들려던 참이었다. 그 바람에 나는 이리저리 뒤척이며 몇 시간을 보냈고 그 다음 날에는 잔뜩 심술 난 사람처럼 일어났다.

탐구 결과, 나는 내가 어리석은 사안들에다 대고 화를 내는 경향이 있다는 것에 화를 내고 있다는 사실을 발견했다. 때가 왔다. 나는 나의 분노 분출에 대처하기로 했다. 특히 일상에서 겪는 좌절 때문에 화를 내지 않는 법을 배울 수만 있다면, 군이 대처해야 할 분노가 많이 남지 않겠지.

이 시점에서 나는 뻔히 알려진 방법에 따라서 분노 관리 치료사를 찾아갈 수도 있었다. 하지만 스토아주의자들을 접했던 나는 다른 선택지가 있다는 것을 알았다. 분노 관리에 관련된 스토아의 조언을 더 면밀하게 살펴보고 실험해 보았다. 내가 발견한 것은 이 조언은 처음 널리 알려지고 2000년이 지나는 동안에 결코 그 효력을 상실한 적이 없다는 사실이다. 내가 독자들과 이 조언을 함께 나누고 있는 이유이다.

3장

위대한 보통 사람들의
비밀

    우리는 인생의 좌절을 겪으면서 망가지거나 무기력해진 사람들을 동정할 수 있다. 그들의 삶은 행복하지 않을 테니. 또한 좌절에 실망과 분노로 반응하는 사람들에게도 연민의 마음을 가질 수 있다. 이런 반응은 아주 일반적이어서 우리 인간이 그렇게 하는 것은 그냥 당연하다라고 결론 내릴 수 있을지도 모른다. 하지만 주변을 한 번 둘러보라. 그러면 좌절을 겪더라도 신속하게 원래 자리로 되돌아오는 사람들을 발견할 수 있을 것이다. 아니, 아예 더 나아가 굳이 다시 제자리로 돌아와야 할 필요가 없는 사람들도 있다. 왜냐하면 그들은 애당초 시련으로 인해 무너진 적이 없기 때문이다. 그런 사람들은 굳세고 영웅적이기까지 한 모습을 보인다.

우주비행사 닐 암스트롱(Neil Armstrong)이 바로 그런 사람이었다. 그는 아폴로 8호기 달 탐사 임무에서 달 착륙선의 조종사로 선발되었다. 모선이 궤도에 머무는 동안 바로 이 착륙선이 달 표면에 착륙하게 되어 있었다. 착륙 기술을 완벽히 연마하기 위해 암스트롱은 지구에서 달 착륙 훈련기를 띄워 연습했다. 이 볼품없는 비행체는 날개가 없었다. 대신 양력을 제공하는 중앙 로켓과 그것을 둘러싼 측면의 반동 추진 엔진이 기체의 안정성을 유지한다. 이 비행체를 날린다는 것은 지팡이 끝에 접시를 올려놓고 균형을 잡으려 시도하는 것과 비슷했다.

암스트롱은 이 비행체를 여러 차례 성공적으로 조종했지만 1968년 5월 6일 반동 추진 엔진 하나가 퍼져버렸다. 이것은 곧 그가 이 비행체에 대한 통제력을 잃었음을 의미했다. 기체는 제멋대로 기울어지기 시작했고, 완전히 뒤집어지기 직전에 암스트롱은 간신히 비상 탈출에 성공했다. 2초 후 비행체는 지상에 충돌했고 즉시 불덩이에 휩싸였다. 그는 낙하산의 도움을 받아 착지할 때 마지막 순간 혀를 깨문 것 말고는 상처 하나 없이 멀쩡하게 걸어나왔다.[1]

추락 사고 몇 시간 후에 동료 우주비행사인 앨런 빈(Alan Bean)이 아직도 비행복을 벗지 않고 서류 작업을 하고 있는 암스트롱을 우연히 지나쳤다. 그는 암스트롱과 농담을 주고받으며 자기 가던 길을 갔다. 그제야 누군가가 아까 무슨 일이 터졌는지 그에게 말해

주었다. 어안이 벙벙해진 빈은 암스트롱의 사무실로 되돌아가 정말로 착륙선이 추락했냐고 물었다. "맞아." 암스트롱은 대답했다. "그렇게 됐어." 더 자세히 말해 달라는 동료에게 암스트롱은 "더 이상 조종이 안 되는 바람에 그 엉터리 기체에서 빠져 나와야 했지." 그가 한 이야기는 이게 전부였다.

훗날 빈은 만약 다른 우주비행사가 그런 불시착에서 살아남았더라면 그 사람은 아마도 그 일을 엄청난 사건으로 여겼을 것이라고 했다. 그 사람도 어쩌면 불만을 터뜨리지는 않았을지 모르나, 만약 그가 살았다면 그는 아마도 자신의 조종 실력을 엄청 뽐내고 다녔을 것이다.

나는 닐이 다른 사람들에 비해 특출하게 더 침착한 사람이었다고 생각하지는 않는다. 그러나 죽기 직전 찰나의 순간에 탈출하고 나서 담담히 자기 사무실로 돌아가 있을 만한 사람은 다른 우주비행사 중에서는 말할 것도 없고, 그냥 다른 사람 중에서도 지금 당장 떠올릴 만한 사람이 없다. 그는 전체 조종사 모임에서도 자리에서 일어나 그 사고에 관한 무엇이든 우리에게 말한 적이 없다. 이 사건은 그 이후로 지금까지 닐에 관한 내 견해에 영향을 미쳤다. 그는 다른 사람들과는 아주 달랐다.[2]

암스트롱이 보통 사람은 아니다. 하지만 알고 보면 그가 독보적인 사람인 것은 전혀 아니다. 주위를 둘러보라. 우리는 중대한 좌절이 선사한 도전들을, 조용히 그리고 용기 있게 극복할 수 있는 능력을 입증한 다른 사람들의 사례를 얼마든지 발견할 수 있다.

왼팔을 잃고도

2003년 10월 31일 이른 아침에 13세 베서니 해밀턴(Bethany Hamilton)이 하와이 제도에 속한 카우아이(Kauai)섬 해안으로 서핑을 하러 나갔다. 소녀는 가장 친한 친구 앨래나 블랜처드(Alana Blanchard)와 함께 앨래나의 아버지와 남동생을 따라갔다.[3] 그들은 파도가 높아지기를 기다리면서 아직 잠잠한 바다에서 긴장을 풀고 보드를 타고 있었다. 해밀턴의 오른손은 보드 끝을 잡고 있었고 왼팔은 차가운 물속에서 흔들거리고 있었다. 바로 그때 어떤 회색 물체가 불쑥 나타났다. 지금 벌어지고 있는 상황을 채 인지하기도 전에 상어가 소녀의 왼팔을 팔꿈치 아래까지 물어뜯었다. 바닷물이 금세 붉게 변했다. 부상이 너무도 심각했기 때문인지 신기하게도 해밀턴은 별로 통증도 느끼지 않았다. 그녀는 차분함을 잃지 않으려 최선을 다했고 해변을 향해서 남은 한 팔로 물을 저었다.

동료 서퍼들의 도움으로 소녀는 해변에 도착했고 병원으로 긴급 후송되었다. 병원에 이르렀을 무렵에는 벌써 소녀의 혈액은 60 퍼센트 정도 상실된 상태였으며, 그 정도면 거의 치사량이었다. 기가 막힌 우연의 일치로 소녀의 아버지가 마침 그 병원에 있었다. 아버지는 그날 아침에 무릎 수술을 받기로 되어 있어서 수술대 위에 올라가 있던 중이었다. 바로 그때 간호사가 들어와 상어의 공격을 받은 열세 살짜리 소녀가 방금 들어왔는데 수술할 공간이 필요하니 수술대에서 일단 내려오라고 그에게 말했다. 아버지는 그 지역 서핑 단체를 아주 잘 알고 있었기 때문에 그 소녀가 자기 딸 베서니거나 딸의 친구 앨래나일 거라고 짐작했다. 몇 분 후 아버지는 부상자가 실제로 자기 딸이라는 소식을 들었다.

베서니는 어릴 때 서핑을 시작했고 일곱 살 때부터는 부모의 도움 없이도 파도를 잡아 올라탈 수 있었다. 그로부터 얼마 지나지 않아 소녀는 처음 참가한 서핑 대회에서 우승했다. 열세 살 무렵에 소녀는 벌써 열 개도 넘는 트로피를 받았을 뿐만 아니라 스폰서까지 붙을 정도가 되었다. 이번 공격을 받기 전까지 소녀의 목표는 프로 서핑 선수가 되는 것이었다.

병원에서 회복을 기다리며 누워 있던 베서니는 선택지들을 놓고 깊이 생각했다. 이제 나의 서핑 시절은 끝났구나. 한 팔만 가지고 어떻게 서핑을 할 수 있겠어? 아마도 서핑 사진사가 되거나, 어쩌면 축구선수로 방향 전환을 하게 되겠지. 축구라면 팔의 역할이 그리 크지 않은 스포츠니까. 하지만 그러다가 금방 소녀는 아직 서핑을 포기하기에는 너무 이르다는 결론을 내렸다. 의사가 용기를 불어넣어 주었다. 그는 비록 이전과는 다르게 취해야 할 동작의 목록이 매우 길기는 하지만 도저히 할 수 없는 동작의 목록은 짧다고 설명해주었다. 의사는 봉합한 부위가 나을 때까지 기다릴 수만 있다면 다시 서핑을 시도해도 좋다고 허락했다.

회복 중에 베서니는 자신의 삶을 원래의 궤도로 다시 올려놓기 위해 극복해야 할 모든 걸림돌을 자각하게 되었다. 소녀는 궁금했다. 한 손만 가지고 어떻게 셔츠의 단추를 채우거나 신발 끈을 묶는단 말인가? 오렌지는 또 어떻게 깐단 말인가? 약간의 연구와 실험을 통해서 소녀는 해결 방안들을 찾아낼 수 있었다. 소녀는 단추 없는 윗옷들로 옷장을 채우고 끈을 묶을 필요가 없는 신발들로 신발장을 채웠다. 발로 오렌지를 붙잡으면 한 손만으로도 오렌지를 깔 수 있다는 사실을 발견했다. 자, 이제 소녀는 훨씬 더 중대한 도전과 대면하기 위해 나섰다. 대체 한 손만 가지고 어떻게 서핑을 한단 말인가?

사고가 발생하고 불과 26일밖에 지나지 않은 추수감사절 전날, 해밀턴은 시험 삼아 서핑을 해 보았고 곧 아주 중요한 발견을 했다. 첫째는 보드를 파도가 치는 곳까지 몰고 나갈 때 사용했던 물 젓는 기법을 수정해야겠다는 것이다. 둘째는 보드 위에서 엎드려 있다가 서는 방식을 바꾸어야겠다는 것이다. 공격받기 이전의 해밀턴을 포함해서 대부분의 서퍼들은 보드 위에 엎드려 있다가 갈빗대 바로 옆에 양 손바닥을 짚고 힘껏 밀어서 상체를 일으켜 세운다. 소녀는 한 손으로 보드 중앙을 짚고 밀어내며 일어설 수 있는지 실험했고 그럴 수 있다는 사실을 발견했다. 일단 일어서고 나니, 한 팔만으로 균형을 잡는 일이 도저히 불가능한 일은 아니라는 사실도 깨달았다. 몇 번 넘어졌다가 마침내 소녀는 성공적으로 파도에 올라탔으며 그럼으로써 결코 다시는 서핑을 할 수 없으리라 우기는 자기 마음속 의심의 목소리를 잠재웠다. 소녀는 기쁨의 눈물을 쏟으며 지금의 승리를 자축했다.

이어서 해밀턴은 서핑 대회에 복귀했고 공격을 받고 채 2년도 지나지 않은 2005년에 전국학생서핑협회(National Scholastic Surfing Association)가 주관한 전미선수권대회에서 우승을 차지했다. 그러고 나서 곧 소녀는 프로로 전향했고 처음 참가한 대회에서 우승했으며, 그 이후로도 많은 대회에서 우승을 휩쓸었다. 소녀는 〈20/20〉, 〈인사이드 에디션(Inside Edition)〉, 〈오프라 윈프리 쇼(The Oprah Winfrey Show)〉 같은 유명 TV프로그램에 출연하면서 방송계 화제의 인물이 되었다. 소녀는 이 모든 사람들의 관심을 반겼다. 왜냐하면 그것이 자신이 갖고 있는 신에 대한 믿음을 다른 사람들과 공유할 수 있는 기회를 제공했기 때문이었다. 또한 그 덕분에 소녀는 자기처럼 심각한 좌절을 경험했던 사람들에게 용기를 주는 롤 모델로도 활약할 수 있게 되었다.

"내가 뭘 할 것인지는 내가 늘 통제할 수 있죠"

베서니 해밀턴은 상어의 공격을 받았다. 남아프리카에 사는 스물일곱 살의 앨리슨 보타(Alison Botha)는 두 남자에게 공격을 받았다.[4] 1994년 12월 18일 늦은 밤, 그녀가 집 근처에 자동차를 주차하고 있을 때 한 남자가 열린 차창으로 불쑥 손을 집어넣어서 목에 칼을 들이댔다. 괴한은 그녀에게 뒷좌석으로 가라고 명령했고 그런 다음 차에 올라타 직접 차를 몰고 그 자리를 떴다. 잠시 후, 괴한은 또 한 명의 괴한을 태웠고, 둘은 함께 교외로 차를 몰고 나갔다.

자동차는 어떤 황량한 장소에 멈춰 섰다. 괴한 한 명이 먼저 그녀를 강간했고 잠시 후 그녀를 잔인하게 폭행했다. 복부와 치골 부위를 서른일곱 번이나 칼로 찔렀고, 열일곱 번이나 목을 그었다. 그러고 나서 두 괴한은 그녀를 죽게 내버려둔 채 차를 몰고 가버렸다. 그러나 그녀는 죽지 않았다. 거의 정신을 잃은 그녀는 그나마 도움을 얻을 가망성이 조금이라도 더 있는 찻길까지 몸을 질질 끌며 기어나왔다. 그건 정말 어려운 일이었다. 왜냐하면 그녀의 기도는 절단되었고, 내장은 몸통 밖으로 삐져나오고 있었기 때문이었다.

차 한 대가 다가오고 있었지만 벌거벗겨진 채 피범벅이 된 그녀를 목격한 운전자는 그냥 지나쳤다. 보타에게는 천만다행으로 그 다음 차가 멈춰 섰다. 티안 엘러드(Tiaan Eilerd)라는 젊은이가 구급차를 불렀고 최선을 다해서 지혈을 했다. 두 시간도 더 지나서 그녀를 태운 구급차가 마침내 병원에 도착했을 때 그곳의 의료진은 잔혹한 폭력 행위에 경악을 금치 못했고, 그녀가 아직 살아 있다는 사실에도 크게 놀랐다. 곧이어 경찰이 보타를 폭행한 자들을 체포할 수 있었고, 그자들은 재판에서 유죄가 인정되어 장기 징역형을 선고받았다.

보타의 회복은 길고도 고통스런 과정이었으며, 그러는 동안 그녀는 우울증에 빠졌다. 하지만 그녀가 강연회에 초청되어 청중 앞에서 자신의 이야기를 전할 수 있게 되면서 상황은 바뀌었다. 그녀는 이 이야기를 공유함으로써 다른 사람들의 삶에 긍정적인 효과를 불러올 수 있겠다는 사실을 깨달았다. 이들 청중 가운데 다수는 이미 중대한 좌절을 경험한 적이 있었고, 정신적 외상을 입을 만큼 심한 좌절을 겪은 사람도 있었다. 오래지 않아 그녀는 사람들에게 영감을 주는 연사가 되었고, 여기저기서 그녀를 찾는 이들이 많아졌다.

대담 중에 그녀는 자기가 신조로 삼고 있는 인생철학을 말해 주었다. "인생에서 벌어지는 일들을 늘 통제할 수 있는 건 아닙니다. […] 하지만 어떤 일이 벌어졌을 때 내가 무엇을 할 것인지는 내가 늘 통제할 수 있죠."[5] 이것은 스토아 철학자 에픽테토스가 박수칠 만한 전략이다. 보타는 그런 습격에 대해 분노로 대응할지 말지 결정할 수 있는 힘이 자기에게 있음을 깨달았고, 결국 그녀는 그러지 않기로 결정했다. 분노란 그것을 경험한 사람들을 삼켜버리는 위력을 지녔다는 것을 잘 알았기 때문이었다.

보타는 나중에 결혼했고, 그녀 스스로도 놀랍게도 습격을 당하고 9년이 지난 후 임신까지 했다. 의사들은 복부에 입은 상처들이 생식 기관을 파괴했기 때문에 그녀가 생물학적으로 엄마가 되는 일은 불가능하리라 추정했지만, 틀린 판단으로 밝혀진 셈이다. 습격 직후 그녀를 구조했던 남자 티안 엘러드가 분만실에 같이 있었다. 당시 보타와의 만남에서 영향을 받아 그는 의학 공부를 하게 되었고 지금은 의사가 되었다.

내가 하는 모든 일이 마지막일 수 있다

로저 에버트(Roger Ebert)는 1967년부터 2013년에 죽을 때까지 〈시카고 선 타임즈(Chicago Sun-Times)〉에 글을 기고한 영화비 평가였다. 1975년에 그는 PBS 방송국에서 〈스니크 프리뷰(Sneak Previews)〉라는 프로그램을 공동 진행하기도 했다. 그는 직업적으로나 개인적으로나 잘나가고 있었다. 그러던 중 2002년에 그는 침샘암 진단을 받았다. 그는 치료를 받았으나 암은 재발했다. 의사들이 다시 치료했고 희망이 있어 보였으나, 그때 그의 경동맥이 터졌다. 그는 위기 상황을 넘기고 간신히 살아났지만, 경동맥은 뒤이어 여섯 차례나 더 파열되었다. 결국 이 모든 파열과 암, 수술의 결과로 에버트는 말할 수 있는 능력을 상실해 버렸다. 그뿐 아니라 턱 부위 재건 수술 때문에 그는 마치 풍자만화의 주인공처럼 보였다. 그의 얼굴은 늘 벌어져 있는 입과 더불어 만화처럼 영원히 웃고 있는 모습이 되었다.

2011년 3월에 에버트는 TED 강연자로 나섰다.[6] 더 정확히 말하자면, 그는 무대에 조용히 앉아 있었고 그러는 동안 컴퓨터로 작동하는 음성합성 장치가 그가 미리 준비한 대본을 읽었다. 잠시 후에는 그의 아내와 친구 몇 명이 마찬가지로 그를 대신해 원고를 읽었다. (에버트는 컴퓨터 음성이 전체 강연을 다 맡는다면 자장가처럼 들려 사람들이 졸게 되지나 않을까 걱정했었다.) 다른 사람들이 대신 원고를 읽는 동안 그는 자기 자신을 웃음거리로 삼는 장난스런 몸짓을 취하곤 했다. 청중은 처음에는 어떻게 반응해야 할지 확신이 없었으나, 비록 에버트가 말할 수 있는 능력은 상실했지만 유머 감각까지 잃어버린 것은 아니라는 사실을 곧 납득했다. 그들은 웃음을 터뜨렸고 강연이 끝났을 때 기립 박수가 터져 나왔다. 실로 놀랍고도 감동적인 무대였다. 강연을 통해 에버트가 보여준 용기란 정말! 그는 2년 후에 일흔의 나이로 세상을 떠났다.

에버트의 강연 영상을 보고 있으면 우리가 얼마나 쉽게 지금 갖고 있는 자신의 능력을 당연시하는지 새삼 다시 떠올리게 된다. 건강이 점점 악화되던 어느 시점에 틀림없이 에버트는 마지막 말을 내뱉었을 것이다. 하지만 그는 강연에서 그 말이 무엇이었는지 기억할 수 없다고 말했다. 물론 그것은 얼마든지 이해할 만하다. 일생에 걸쳐 그는 무슨 말을 하고 나면 뒤이어 또 말하게 되리라고 생각했을 테니, 특별히 어떤 말에 마지막이라고 의미를 부여해 기억할 필요가 없었다.

나 또한 언젠가 나의 마지막 말들을 내뱉게 되겠구나 하는 생각이 불현듯 떠올랐다. 실제로는 어쩌면 내가 이미 마지막 말을 내뱉었을지도 모른다. 더 일반화해서 말하자면, 내가 하는 모든 일이 마지막일 수도 있다. 어둡고 우울한 생각 같기도 하지만 실은 이런 생각이 정반대의 효과를 낼 수 있다. 이런 생각은 우리가 철저히 당연시했던 우리의 말하기 능력이 실제로는 놀랍고도 소중한 것이었음을 깨닫는 계기가 될 수 있다.

에버트에 관한 이야기를 듣고 많은 사람들은 그를 묘사할 때

'불운'이라는 단어를 사용하겠지만, 훨씬 더 어울리는 단어는 '불굴'일 것이다. 생애 마지막 10년 동안 그는 여러 차례에 걸쳐 충분한 좌절을 겪었지만 그럼에도 자신의 운명에 분노를 터트리지 않았다. 이것은 인간 정신의 승리였다.

"그게 내가 할 수 있는 전부니까"

에버트가 말하기 능력을 상실한 데 반해, 어떤 사람들은 움직이는 능력을 상실하기도 한다. 루 게릭(Lou Gehrig)은 역대 최고의 야구선수 중 한 명이었다. 1926년부터 1937년까지 열두 시즌 동안 그의 타율은 3할이 넘었고 1934년에는 경이롭게도 3할 6푼 3리를 기록하기도 했다. 1938년 시즌에 페이스가 다소 떨어졌을 때가 '고작' 2할 9푼 5리였다. 그는 피로감을 느낀다고 하소연했다. 1939년 스프링캠프에 모습을 드러냈을 때 그는 확실히 신체 균형과 근력을 상실한 상태였다. 공을 잡는 모습뿐 아니라 타격과 주루에서도 어정쩡한 모습이 보였다.

스포츠 기자들은 도대체 그에게 무슨 일이 일어났는지 억측을 내놓기 시작했다. 코치들은 그의 출전 중단을 고려했으나 그를 존중하는 입장에서 그런 일은 있을 수가 없었다. 마침내 1939년 5월

2일 게릭은 '팀에 보탬이 되고자' 스스로 출전을 포기했다. 장내 아나운서가 팬들에게 게릭이 오늘 시합에 출전하지 않을 것이라고 발표하면서 2,130게임 연속 출장을 이어오던 그의 대기록에 종지부가 찍혔고 관중은 기립 박수로 화답했다. 게릭은 눈물을 글썽이며 한동안 더그아웃에 앉아 있었다.

6월 19일 서른여섯 번째 생일에 게릭은 근위축성측삭경화증 진단을 받았다. 흔히 ALS 혹은 루게릭병이라고 알려진 그 병이다. 그리고 6월 21일에 양키즈 구단은 그의 은퇴를 발표했다. '루 게릭 감사의 날'로 선포된 7월 4일에 게릭은 유명한 고별 연설을 했다. "지난 두 주 동안 여러분은 제게 닥친 불운에 관한 기사들을 읽으셨을 것입니다. 하지만 오늘 저는 제 자신이 지구상에서 가장 운이 좋은 사람이라고 생각합니다." 그는 이어서 팬들, 동료 선수들, 코치, 운동장 관리인들, 장모(그의 장모는 자기 딸이 사위와 다툼을 벌일 때 사위 편을 들어 주었다), (그를 교육시키고 그에게 강인한 육체를 주었던) 부모, 그리고 ("여러분이 세상에 존재하리라 꿈꿨던 것보다 더 큰 용기"를 보여 준) 아내에게 감사를 전했다. "저는 불운한 일을 당한 것일 수도 있습니다." 그는 말을 매듭지었다. "하지만 제게는 살아야 할 이유가 엄청나게 많습니다."[7]

그리고 게릭은 정말로 2년을 더 살았다. 그 기간 동안 그는 연이은 좌절을 맛보았고, 신체 능력들이 사라졌다. 그는 나중에 이렇게 적었다. "최대한 길게 버틸 작정이다. 그리고 그런 다음 만약 불가피한 상황이 다가온다면 나는 그 상황을 철학적으로 받아들이고 최선의 결과를 희망할 것이다. 그게 우리가 할 수 있는 전부이니까." 비록 게릭이 스토아주의자들의 글을 읽었다는 증거는 없지만, 그는 내가 소위 타고난 스토아주의자라 부르는 사람들 가운데서 훌륭한 모범이 될 만하다. 그는 2000년 전에 스토아 철학자들이 깨달은 것들을 본능적으로 알고 있었던 것 같다.

스티븐 호킹의 도전

이론물리학자 스티븐 호킹(Stephen Hawking)은 1963년에 스물한 살의 나이로 루게릭병을 앓게 되었다. 그는 게릭처럼 자신의 신체 능력이 차례로 사라지는 모습을 지켜봐야 했다. 더 이상 걸을 수 없게 되었을 때, 그는 처음에는 통상적인 휠체어에 오르게 되었고, 그다음에는 손가락으로 조이스틱을 움직여 조종하는 전동 휠체어를 타게 되었다. 더 이상 손을 마음대로 움직일 수 없게 되었을 때 그는 뺨의 근육을 이용해 휠체어를 조종했다. 초기에는 말로 의사소통이 가능했으나 세월이 흐르면서 그의 말투는 점점 웅얼거림으로 바뀌었다. 그러다가 폐렴 발작을 일으켜 의사들이 기관지를 절제할 수밖에 없었고, 이로써 웅얼거림마저도 불가능해졌다. 그는 이런 좌절을 조수의 도움을 받아 눈썹을 움직여서 카드 글자들을 골라내 철자를 완성함으로써 극복했다.

과학계에서 명성이 자자한 그의 위상 덕분에, 호킹은 자신이 직면한 좌절에 대처하는 데 많은 도움을 얻었다. 물리학계의 친구들이 그가 공학자들이나 프로그래머들과 접촉할 수 있게 해 주었고, 그들이 클리커를 이용해 컴퓨터로 메시지를 작성할 수 있는 시스템을 호킹에게 만들어 주었다. 이 방법은 그런 메시지를 소리 내어 읽어줄 수 있는 음성합성 장치가 추가됨으로써 한층 더 효력을 발휘했다. 1997년에 한 컨퍼런스에서 호킹을 만난 인텔의 공동 창업자 고든 무어(Gordon Moore)는 휘하의 연구원들을 파견하여 호킹이 사용하는 장비를 개량하는 작업을 도와주었다. 몸이 불편한 다른 사람들도 이 과정에서 개발된 기술의 혜택을 입었으며, 그로 인해 호킹의 좌절은 인류에게는 한 줄기 환한 빛이 되었다. 많은 좌절이 그렇다. 특히 그렇게 좌절을 겪은 사람이 회복탄력성을 보여준다면 더욱 더.

불구의 몸에도 불구하고 호킹은 인터뷰도 할 수 있고 강연도 할 수 있었다. 이런 행사에서 그가 하는 말들은 마치 그의 머리에서 직접 나오는 것처럼 보일 수도 있지만 그것은 착각이다. 문장들은 모두 사전에 작성된 것이었다. 그가 '말할' 때 컴퓨터가 한 번에 한 문장씩 원고를 읽는 것이다. 호킹은 영국 사람이지만 그가 사용하는 음성합성 장치가 미국산이기 때문에 미국 억양이었다. 그것은 또한 로봇이 말하는 매우 기계적인 소리로도 들렸다. 나중에 더 세련된 다른 목소리로 대체할 수 있게 되었으나 호킹은 현명하게도 이미 세상 사람들이 자기 목소리로 여기게 된 원래의 기계음 목소리를 계속 유지했다.

여러 가지 면에서 게릭의 좌절이 호킹의 좌절보다 더 도전적이었다. 게릭은 타고난 운동선수였기 때문에 신체 능력이 곧 그의 자아 개념의 핵심에 자리하고 있었다. 그런 능력이 사라지면서 그는 자아정체성의 중요한 일면도 사라져 버렸다. 대조적으로 호킹의 자아정체성은 정신 능력에 집중되어 있었고, 그는 신체 능력의 저하에도 불구하고 그 능력을 유지했다. 또한 호킹은 게릭이 접할 수 없었던 기술 혁신의 혜택을 보았다. 그렇기는 하지만 어쨌든 두 사람은 많은 사람이 굴복했을 험난한 도전에 맞서 용감하게 싸웠다. 야구에 무관심하고 블랙홀의 물리학이라곤 눈곱만큼도 알지 못하는 사람들조차 그들을 존경하는 이유가 바로 그것이다.

갑자기 몸이 마비된다면

혹시 게릭과 호킹이 최악의 시나리오를 대표하는 인물들이라고 생각할지 모르겠지만, 그것은 아마 오산일 것이다. 특히 락트인 증후군(locked-in syndrome) 환자들을 떠올려 보라. 이들은 정신은 멀쩡하지만 모든 근육 통제력을 상실한 사람들이다. 겨우 눈꺼풀을 움직이는 정도가 전부이다. 대개 그렇듯이 이런 종류의 좌절은 갑자기 찾아온다. 한창 나이 때 평소처럼 일하러 나갔다가 무언가 이상하다고 느끼기 시작한다. 정신을 잃고 쓰러졌다가 며칠 혹은 몇 주 후에 깨어났을 때 병원 신세가 되어 있다. 여전히 보고 들을 수는 있으나 근육은 움직일 수 없다. 이것은 질문조차 던질 수가 없다는 의미이다. 이렇게 된 원인은 뇌간에서 뇌졸중을 겪었기 때문이다. 이로써 뇌와 몸이 서로 영향을 주고받을 수 있게 해 주던 연결 고리가 사라지면서 뇌와 몸 사이의 의사소통이 차단된 것이다.

이런 일이 바로 고등학교 교사 리처드 마쉬(Richard Marsh)에게 일어났다. 그는 호흡기를 단 채 병원에서 깨어났다. 그가 뇌사 상태에 빠졌다고 추정한 의사들은 그의 면전에서 그에 관해 아무 말이나 해도 상관없다고 생각했다. 의사들은 그의 아내에게 마쉬의 생존 확률은 2퍼센트에 불과하며 설령 살아난다 하더라도 식물인간이 될 것이라고 말했다. 설마 아내가 산소 호흡기를 떼어버리기를 바랄까? 리처드 마쉬는 '안 돼!'라고 비명을 질렀다. 이를테면 마음속으로 그랬다는 뜻이다. 그는 말할 때 사용하는 근육을 포함해 어떤 근육도 움직일 수 없었다. 천만다행으로 아내는 그 제안을 거절했고 결과적으로 마쉬는 쓰러진 지 넉 달 만에 병원에서 걸어나왔다.[8]

보통의 락트인 환자들에 비해 마쉬는 운이 좋았다. 프랑스에서 발행하는 〈엘르(Elle)〉의 편집주간인 마흔세 살의 장-도미니크 보비(Jean-Dominique Bauby)는 뇌졸중을 겪고 나서 병원에서 깨어났을 때 두 군데만 빼고 신체의 어떤 부위도 움직일 수가 없었다. 그는 머리를 천천히 돌릴 수 있었고 왼쪽 눈을 깜빡일 수 있었다. 오른쪽 눈은 깜빡일 수가 없었기 때문에 그쪽 각막이 건조해져서 궤사할 위험성이 있었다. 이런 일을 방지하기 위해 의사들은 그쪽 눈의 눈꺼풀을 꿰매서 닫아버렸다.

보비는 뭐든 입으로 삼킬 수도 없었다. 음식이건 음료건 일체 먹거나 마실 수 없게 된 것이다. 그래서 그는 위장에 직접 연결한 관으로 영양분을 공급받아야만 했다. 이런 걸 한 번 상상해 보라. 그는 여전히 감자튀김 냄새를 맡을 수는 있지만 먹을 수는 없게 된 것이다. 그는 자기가 먹은 마지막 식사를 기억할 수 있었지만 아마도 그 음식을 다시는 먹을 수 없으리라는 사실도 알았을 것이다. 아니, 지금 처지로서는 어떤 음식이건 마찬가지였다. 음식을 삼킬 수 없게 된 것은 또 다른 결과를 낳았다. 그는 우리가 무의식적으로 하루 종일 하고 있는, 입 안에서 끊임없이 흘러나오는 침을 삼키는 일을 할 수 없었다. 결과적으로 그는 줄곧 침을 흘렸다. 몸을 못 가누고, 말을 못하고, 눈은 하나뿐이면서, 침을 질질 흘리고 있는 어떤 사람을 만난다면, 그 사람을 식물인간으로 단정하기 쉽다. 하지만 보비의 마음은 여전히 완벽하게 작동하고 있었다. 실제로 락트인 상태에 처해 있으면서도 그는 회상록 《잠수종과 나비》를 집필했고, 이 책은 2007년에 동명의 영화로도 제작되었다.

그는 왼쪽 눈을 이용해 이 책을 구술했다. 다른 사람들이 그에게 철자들을 불러주면 원하는 글자가 나왔을 때 그가 눈을 깜빡였다. 어떤 이들은 철자들을 참을성 있게 차례차례 불러주는 대신 그가 표현하려는 글자나 단어를 미리 넘겨짚곤 했으나, 그건 오히려 일의 진척을 더디게 할 뿐이었다. 훌륭한 통역사는 그가 직접 단어나 문장을 마무리하도록 했다. 그런 문장들을 다듬는 것은 매우 고된 과정이었기 때문에 그는 구술하기 전에 마음속으로 문장들을 신중하게 작성했다.

락트인 상태가 되기 전에 보비가 스토아주의를 실천했던 적은 없었던 것으로 보인다. 하지만 그는 좌절에 대항하는 기제로서 '스토아주의 습득하기'에 관해 정말로 글까지 썼다.[9] 마쉬와 달리 보비는 병원에서 걸어나오지 못했다. 그는 1997년에 죽었다. 뇌졸중을 겪고 15개월이 지나서였다. 죽기 이틀 전 그의 회상록이 프랑스에서 출판되었다.

　보비의 상황이 나쁘기는 했어도 실은 더 나쁠 수도 있었다. 완전한 락트인증후군 환자들은 심지어 눈꺼풀마저도 움직일 수가 없으며, 그래서 의사들이 그런 환자의 마음이 여전히 작동하고 있는지 감지해내기란 쉽지 않다. 설령 마음이 작동한다고 하더라도 의사들과 의사소통이 불가능하기 때문이다. 그러나 그런 경우에도 한 줄기 희망은 있다. 기술혁신 덕분에 락트인 환자들이 생각만으로도 의사소통이 가능해진 것이다. 뇌에 이식된 전극들이 컴퓨터에 신호를 보내는 방식으로 그들은 컴퓨터 화면에 뜬 글자들을 고를 수 있다. 물론 이 과정은 매우 더디다. 한 여성 환자는 1분당 하나 혹은 두 단어 정도의 속도로 '타자'를 칠 수 있었고, 그렇게라도 할 수 있게 된 것에 환희를 느꼈다.[10] 나는 내 워드프로세서가 말을 안 들을 때 그녀의 절망을 떠올려보는 것이 유용하다는 사실을 깨달았다.

　시어도어 루스벨트(Theodore Roosevelt)는 자서전에서 스토아적인 영감이 서린 다음과 같은 조언 한 마디를 했다. "여러분이 갖고 있는 것으로, 여러분이 있는 바로 그곳에서, 여러분이 할 수 있는 일을 하십시오."[11] 내가 소개한 락트인 환자들이 했던 일이 정확히 바로 이것이다. 그럼으로써 그들은 비극적인 삶으로 묘사해도 됐을 법한 자신들의 삶을 용감하고 존경받을 만한 삶으로 바꿀 수 있었다.

자기연민이냐 용기와 지혜냐

좌절에 직면해 회복탄력성을 보여준 마지막 모범 사례로서 기원전 67년경에 공개적으로 네로 황제를 비판했던 스토아 철학자 파코니우스 아그리파누스(Paconius Agrippinus)의 경우를 떠올려 보자. 전령이 찾아와 그에게 지금 원로원에서 재판이 진행 중이라는 사실을 전했다. 그는 이렇게 대답했다. "일이 잘 처리되기를 부디 희망하네. 하지만 지금은 운동을 하고 씻을 시간이니, 내가 지금 해야 할 일은 바로 그것일세." 뒤이어 또 다른 전령이 나타나 그의 반역 행위에 대해 유죄가 인정되어 처벌이 내려졌다는 소식을 전했다. "추방인가 처형인가?" 그가 물었다. "추방입니다." 전령이 답했다. 아그리파누스는 이런 질문으로 응수했다. "아리키아에 있는 내 별장은 몰수되었는가?" 전령이 대답했다. "아닙니다." 그러자 아그리파누스가 말했다. "그러면 그리로 가서 저녁을 먹어야겠군."[12]

이런 상황에서 단지 아그리파누스는 완벽하게 들어맞으면서도 잊어버리기가 아주 쉬운 한 가지 조언을 적용하고 있었을 뿐이다. 주어진 선택지의 수가 제한되어 있을 때 야단법석을 떠는 것은 어리석은 일이다. 그럴 게 아니라 우리는 그저 그중에서 최선의 대안을 선택하고 인생을 계속 살아가야 한다. 그 이외의 방법으로 처신하는 것은 귀중한 시간과 에너지를 낭비하는 꼴이다.

지금까지 소개한 것과 같은 좌절담들은 내게 묘하게 뒤섞인 감정들을 남긴다. 이런 이야기들을 들으면서 감동을 받아 눈물을 흘릴 수도 있지만, 동시에 인생을 사는 동안 그렇게나 많은 것들을 그냥 당연시했던 것에 스스로 부끄러움을 느낄 수도 있다. 일상의 업무를 처리하는 과정에서 사소한 좌절을 겪을 수도 있다. 이를테면 식료품점에 갔는데 가까운 모든 주차장이 만원이라는 사실을 발견하는 것처럼 말이다. 투덜대며 몇 발자국을 더 걸어갈 때 실은 내가 지금 스티븐 호킹이나 장-도미니크 보비 같은 사람은 꿈도 꾸지 못할 삶을 살고 있다는 걸 떠올리기만 해도 아마 이런 생각이 들지 모른다. 와우, 대단한 걸! 난 정말 창피한 줄 알아야 해!

　이런 좌절담 때문에 우리가 슬프고 부끄러워질 수도 있지만, 덕분에 커다란 희망을 갖게 될 수도 있다. 이런 이야기들 속에서 우리는 평소에 쉽게 경험하는 좌절에 비해 월등히 더 도전적인 좌절을 경험한 보통 사람들과 만난다. 그런 사람들은 자기연민에 빠져 허우적거리는 대신에 용기와 지혜로 좌절에 대응한다. 그럼으로써 그들은 개인적인 비극으로 끝날 수도 있었던 사건을 개인적인 승리의 찬가로 바꿔 냈다.

4장

원래 단단하게 태어나는
사람은 없다

이 책의 앞 장들에서 우리는 소위 회복탄력성 연속체(resilience continuum)라고 부를 수 있는 대상을 탐구했다. 이 연속체의 한쪽 끝에서 우리는 회복탄력성이 강한 개인들을 발견한다. 좌절을 만나도 그들은 탄력 있게 금방 제자리로 돌아온다. 아니, 더 한 수 위의 사람들은 아예 좌절 때문에 무너지는 법이 없다. 그들에게는 애초에 탄력적으로 되돌아와야 할 필요조차 없다는 뜻이다. 이들은 굳세고 영웅적이기까지 한 모습을 보여준다. 이 연속체의 반대쪽 끝에는 유약한 개인들이 있다. 좌절했을 때 그런 사람들은 당황하거나 분노하거나 아예 체념해 버린다. 결과적으로 그들은 쉽게 불행해지며 친구나 친척들은 그들을 존중하기보다는 가엽게 여길 수 있다.

어째서 모든 이에게 회복탄력성이 있지 않은 걸까? 간단하고 인기 있는 답변은 이렇다. 왜냐하면 모두가 그럴 수는 없으니까. 그것은 눈동자 색처럼 우리가 마음대로 통제할 수 없는 것들 중 하나이다. 그것은 대략 우리가 우연찮게 그런 식으로 '배선된(wired)' 결과일 뿐이다. 어떤 사람들은 아주 운이 좋아서 회복탄력성을 갖고 태어난다. 다른 사람들은 아니다.

그러나 이런 답변은 잘못됐다. 만약 특정한 눈동자 색을 타고나듯이 '회복탄력성도 타고나는' 것이라면, 세대에서 세대로 이어지는 과정에서 눈동자 색이 그렇듯 회복탄력성도 아주 일정한 분포를 유지할 것이다. 만약 부모의 눈동자가 갈색이라면, 아이들도 그럴 확률이 아주 높다. 하지만 최근의 역사가 보여주듯이 이것은 회복탄력성에는 해당되지 않는 소리다.

제2차 세계대전 때 런던을 생각해 보라. 그 도시는 매일 반복되는 폭격의 대상이었다. 전쟁 전에 전문가들은 폭격당한 사람들은 극단적인 심적 고통을 겪을 것이고 그래서 사기가 완전히 꺾일 것이라고 예측했다. 히틀러가 폭격을 감행할 만한 가치가 있다고 판단한 이유도 그것이었다. 하지만 정반대의 일이 벌어졌다. 사람들은 "평정심을 유지하고 하던 일을 계속하라(Keep calm and carry on, 제2차 세계대전 직전 영국 정부가 향후의 전쟁에 대비해서 제작한 포스터의 표어 - 옮긴이)"라는 조언을 진심으로 받아들였다. 영국인들은 조상들의 발자취를 따라서 능력이 닿는 한 최선을 다해 꿋꿋이 견뎌냈다.

하지만 70년의 세월이 흐르는 동안 세상이 바뀌었다. 그때 그 사람들의 자손들의 자손들은 대개의 경우 실질적으로 그들의 선조들만큼의 회복탄력성을 갖고 있지 않다. 어떻게 이런 일이 있을 수 있나? 무슨 일이 일어난 걸까?

사회 변화가 다 그렇듯이, 이 변화 역시 많은 인과적 요인이 개입한 복잡한 현상이다. 그 요인 중 하나는 틀림없이 1969년에 《죽음과 죽어감》이란 책이 출판된 사건일 것이다. 이 베스트셀러에서 엘리자베스 퀴블러 로스(Elisabeth Kubler-Ross)는 슬픔의 다섯 단계를 기술했다. 부정, 분노, 타협, 우울, 그리고 마지막으로 수용이다. 이것은 말기 질환 진단을 받은 사람들이 전형적으로 겪는 과정이자, 그런 사람들이 슬픔에 효과적으로 대처하기 위해 겪고 지나가야 하는 단계들이라고 그녀는 말했다.

그녀는 나중에 자신의 슬픔 회복 이론을 친척의 죽음, 이혼으로 인한 배우자의 상실, 그리고 심지어 실직 같은 다른 좌절까지 포함하도록 확장했다. 대중은 그녀의 권고를 가슴 깊이 새겼고, 혼자서 좌절에 대처하는 것은 위험하다는 결론을 내렸다. 이 책과 더불어 몇 가지 다른 요인들이 심리 상담의 유행을 불러왔고 그 세기가 끝

날 때쯤에는 재앙이 닥쳤을 때 상담사들이 우르르 현장으로 달려
가 생존자들을 돕게 되었다.

만델라와 간디가 희생자를 자처했다면

심리학자들만 사람들의 회복탄력성을 약화시킨 것은 아니다.
정치인들도 한몫 거들었다. 정치인들은 유권자들이 겪은 많은 좌
절은 그들의 책임이 아니라, 그들이 살고 있는 불공정하고 불완전
한 사회 탓이라고 위로했다. 정치인들의 메시지는 이렇다. "나쁘고
어리석은 사람들이 여러분을 좌절케 합니다. 저에게 투표하세요.
그러면 제가 잘못된 일들을 바로잡겠습니다."

사람들이 부당한 행위의 표적이 될 수 있다는 정치인들의 생각
은 분명히 옳다. 사람들이 겪는 수많은 좌절을 그런 부당한 행위의
결과로 간주한 것도 옳다. 하지만 정치인들은 그런 사람들을 부당
한 행위의 표적이 아니라 희생자라고 여기고 그들을 그런 식의 용
어로 지칭하는 유감스러운 습관을 갖고 있다. 많은 사람들은 그런
이름표를 재빨리 받아들인다. 결국 희생자가 된다는 것은 우리 인
생의 많은 잘못된 측면에서 우리의 책임을 면제한다. 그것은 또한
우리에게 특별 대우를 받을 수 있는 권한을 부여한다. 희생자들은

회복을 위해 시간과 공간, 어쩌면 금전적 보상까지 필요할 수도 있다. 하지만 그와 동시에 희생자의 역할을 수행하는 것은 우리가 당한 잘못들의 결과로 경험할 괴로움을 키울 가능성이 있다. 우리는 정서적으로 무기력함을 느끼게 될 것이다.

회복탄력성이 있는 사람은 희생자의 역할을 맡지 않으려 한다. 그런 역할을 맡는다는 것은 동정심을 유발하겠다는 의미인데, 그런 사람은 자신을 불쌍한 존재로 여기지 않고, 굳건하고 유능하다. 그런 사람은 비록 부당한 행위의 표적이 될지 말지를 자신이 통제할 수는 없다 해도, 표적이 되었을 때 어떻게 대응할지에 관해서는 상당한 통제력을 갖는다. 그런 사람은 그런 부당한 행위가 자신의 하루나 어쩌면 자신의 일생을 파멸하도록 그냥 방치할 수도 있겠지만 그보다 낙관적인 태도를 잃지 않으면서 사람들이 자신의 앞날에 잘못 갖다 놓은 방해물들을 처리할 해결 방안들을 모색하며 그런 행위에 용감하게 대응할 수도 있다.

이런 말이 그저 순진한 소리처럼 들릴 수도 있지만, 이것은 많은 고대 스토아주의자들이 불의에 대응했던 방식이다. 그들은 살아 있는 권력과 불화를 일으킬 수 있는 일들을 언급하거나 실행하는 경향이 있었다. 앞에서 보았듯이 파코니우스 아그리파누스가 바로 그런 사례였다. 트라세아 파에투스(Thrasea Paetus), 루벨리우스 플라우투스(Rubellius Plautus), 바레아 소라누스(Barea Soranus),

그리고 이들에게 스토아주의를 가르친 스승 무소니우스 루푸스 (Musonius Rufus) 등을 포함한 1세기 다른 철학자들의 경우도 마찬가지다. 이들은 자신이 겪는 좌절 앞에서 용기를 보여주었다는 점에서 탁월한 사람들이었다.

무소니우스 루푸스는 한 번도 아닌 두 번이나 추방을 당했고, 두 번째 유배지는 에게해의 황량한 섬 기아로스(Gyaros)였다. 그는 우울에 빠지거나 체념하는 식으로 반응하지 않았고 자기를 찾아온 사람들에게 신세 한탄을 하지도 않았다. 나중에 강연에서 무소니우스는 유배 생활이 자신에게서 가장 중요한 것들을 결코 앗아가지는 못했다고 말했다. 유배를 당했다고 해서 용기, 자제, 지혜, 혹은 그밖에 어떤 덕목을 갖지 못하도록 제지당하지 않는다.[1] 더군다나 유배를 통해 이득을 얻는 것도 가능하다. 예를 들면, 시노페의 디오게네스(Diogenes of Sinope)는 유배 생활을 겪고 난 후 평범한 인간에서 기원전 4세기의 가장 매력적인 철학자 중 한 명으로 변신했다.[2] 호사스러운 생활 때문에 몸이 망가졌던 사람들은 추방된 덕분에 건강을 회복하기도 했다.[3]

넬슨 만델라(Nelson Mandela)와 마하트마 간디(Mahatma Gandhi)가 희생자의 역할을 떠맡았더라면 우리가 사는 세계가 얼마나 달라졌을지 생각해 보라. 더 정확히 말해서 그들이 좌절에 홀로 맞서는 것은 정서적으로 위험한 일이며, 어쨌든 자신들이 직접 나서서

그런 일을 처리해야 할 필요는 없다고 어릴 때부터 교육받았다고
한 번 가정해 보라. 그런 환경에서 자랐다면 아마도 그들은 실제 했
던 것처럼 용감하게 자신들이 겪은 불의에 대응하지 않았을 것이
다. 대신 그들은 그런 상황에 대처할 최선의 방법을 찾으려 상담 예
약을 잡아 치료사의 조언을 구하거나, 혹은 선출직 정치인들에게
심금을 울리는 편지를 쓰는 정도로만 자신들의 노력을 발휘했을
것이다.

당신은 왜 그렇게 나약할까

20세기가 저물어가는 시점에 이르러 많은 성인들이 기꺼이 희
생자의 역할을 맡겠다고 나섰다. 이와 동시에 많은 어린이들이 앞
으로 인생에서 마주칠 수 있는 도전에 혼자서 직접 맞서 싸워서는
안 되며 또한 그럴 수도 없다고 믿게끔 길러지고 있었다.

심리학자들의 조언에 의해 1990년대와 2000년대의 부모들은
자녀가 좌절 없는 아동기를 보내도록 하기 위해 무진 애를 썼다. 부
모들은 아이들의 놀이를 감시하면서 혹시라도 자기 아이에게 나쁜
일이 안 생기도록 보호했고, 그럼에도 무슨 일이라도 발생하는 날
이면 그로 인해 생긴 말썽을 아이들이 직접 뒤처리하도록 놔두는

대신에 자신들이 나서서 깔끔히 정리해 주었다. 마찬가지로 아이들끼리 다툼이라도 벌일라치면, 아이들이 직접 문제를 해결하도록 내버려두지 않고 부모들이 심판자의 역할을 맡고 나섰다.

이런 과잉보호 부모들은 자녀들이 실패를 겪지 않도록 예방 조치들 역시 취했다. 밑바탕에는 아마도 많은 성공을 경험한 아이들이 성공에 익숙해질 테고 따라서 미래에 성공할 가능성도 더 클 것이라는 이론이 깔려 있는 듯하다. 결과적으로 겨루기 시합에서 이제 더는 승자도 패자도 없게 되었다. 대신 모두가 승자였고, 그래서 모두가 트로피를 받았다. 많은 학교에 더 이상 F 학점은 없었다. 시험을 보러오기만 하면 모든 학생이 과목 이수 평점을 받았으며, 고등학교 3년 동안 어떤 식으로든 붙어 있기만 하면 모든 학생이 졸업했다.

자녀들이 대학 입시에 나설 시기가 되면 대학에 제출해야 할 '자기소개서'를 부모가 대필할지도 모를 일이다.[4] 소위 헬리콥터 부모라고 알려진 사람들은 나중에 자녀들이 대학에서 수강한 과목에서 얼마나 높은 점수를 받는지 보면서 짜릿해할지도 모르겠다. 과거 부모들은 턱걸이 평점이라도 받아서 과목을 이수하고자 힘들게 공부했지만, 그 자녀들은 최소한의 노력만으로 A와 B를 거뜬히 받을 수 있다. 이것은 분명히 부모들의 자녀 돌봄 전략이 성공했다는 증거였다. 안 그런가?[5]

자, 어떤 한 사람의 일생을 상상해 보자. 편의상 그 사람을 존이라고 부르자. 존은 유년기에 어른들이 그의 삶에 쏟아 부은 노력에 크게 힘입어 좌절이라고는 거의 겪지 않는다. 이렇게 온실의 화초처럼 자란 유년기가 즐거웠는지는 모르지만 어쨌든 그 바람에 존은 좌절에 대응하는 기술을 발전시킬 기회를 빼앗겼다. 이런 불리한 측면은 존이 독립하기 전까지는 뚜렷하게 드러나지 않을 수 있다.

어른이 된 존은 좌절을 겪으면 회복하지 못할 수도 있다. 대신 그는 적대감과 좌절감이 뒤섞인 폭탄주를 들이키게 될지도 모른다. 마찬가지로 그는 자기가 겪은 실패가 결국은 성공의 길로 나아가는 디딤돌이 되리라 여기는 대신, 그런 경험들을 그저 충격적인 사건들로 치부해 버릴 수도 있다. 또한 존은 다른 사람들의 말과 행동에 금방 기분이 나빠질 수도 있다. 그의 기분을 상하게 하지 않으려고 사람들이 아무리 애를 써도 소용이 없다. 그와 친분이 있는 사람들은 이런 이유 때문에 (내심) 그를 정서적으로 불안정한 성격의 소유자로 여길 수 있다. 내친 김에 한 가지 더 언급하는 것이 좋겠다. 설령 존이 사회정의의 열렬한 옹호자가 될 수 있을지는 몰라도, 그가 더 나아가 이를테면 차세대 마틴 루서 킹(Martin Luther King) 같은 인물이 되리라고 기대하기란 어렵다. 그런 역할을 수행하려면 자신감과 내면의 힘이 요구될 텐데, 존에게는 그런 자질이 부족할 것이기 때문이다.

존의 증조부모가 만약 살아 있다면 증손자의 행동에 어떤 반응을 보였을까, 그저 상상만 해볼 뿐이다. 제2차 세계대전 중에 사람들 대다수가 많은 좌절을 겪었을 테고 심지어 적과 싸우러 참전해야 했을 수도 있다. 그럼에도 그들은 그 이전보다 더 강하고 인생에 더 감사할 줄 아는 사람이 되어 그런 모진 시련을 헤쳐 나갔다. 하지만 그들의 증손자들은 평화롭고 윤택한 시대에 살고 있는데도 불행해하고 정서적으로도 취약한 것처럼 보인다.

일부 독자들도 존과 비슷한 유년기를 보냈다면 결과적으로 지금 회복탄력성이 부족할 수 있다. 혹시 자신이 그중 한 명이라면, 내가 요즘 사람들을 우리의 증조부모 세대와 비교하는 목적이 요즘 사람들을 기분 나쁘게 하려는 게 아니라 오히려 그들에게 용기를 주고자 하는 것임을 알아줬으면 좋겠다. 만약 회복탄력성이 눈동자 색처럼 타고난 특질이라면, 아마도 그 특질을 증조부모로부터 물려받았을 가능성이 높다. 따라서 지금 회복탄력성을 갖고 있지 않다는 사실은 그 특질이 선천적인 것은 아니라는 증거인 셈이다. 오히려 그것은 자전거 타기나 외국어 말하기처럼 후천적으로 습득하는 능력이다. 이는 결국 더 회복탄력적인 사람이 되느냐 마느냐는 자기한테 달렸다는 뜻이다. 그러기 위해서는 우리의 노력이 필요하겠지만, 그렇게 획득한 회복탄력성은 자신이 지금 어떤 생활을 하고 있건 간에 삶의 질을 극적으로 개선해줄 수 있다. 그렇다면

2부에서 더 회복탄력적인 사람이 되는 방법에 관한 스토아주의의 조언에 주의를 기울여 보자.

2부

좌절에 대처하는
2가지 기본 무기

The Stoic Challenge

우리는
나쁜 사람들 사이에서 살고 있는
나쁜 사람들이다.
그리고 오직 한 가지만이
우리를 안정시킬 수 있다.
우리가 서로에게 너그러이 대하기로
동의해야 한다는 것이다.

세네카

5장

왜 우리는 좌절 앞에서
남 탓부터 할까

우리는 마음과 몸 둘 다 갖고 있다는 의미에서 분열된 존재이다. 더 나아가 우리의 마음 자체도 의식과 잠재의식으로 나뉜다. 의식은 최전방 중앙에 자리 잡는 성질이 있기 때문에 우리는 철저히 그것의 작동에만 익숙하다. 하지만 우리는 잠재의식에 대해서는 잘 모른다.

잠재의식의 작동을 살피면서 그것이 존재한다는 증거를 얻으려면, 일단 참선 명상을 수행해 보라. 5분 동안 앉아 있을 수 있는 조용한 장소를 찾자. 누울 수 있는 곳이라면 더 좋다. 그 시간 동안 눈을 감고 아무 생각도 하지 말라. 즉, 생각 멈추기를 시도하라. 그러기가 정말 어렵다는 사실을 곧 깨달을 것이다. 온갖 잡념들이 의식에서 계속해서 불쑥불쑥 튀어나올 것이며, 이것은 우리의 잠재의식이 그런 잡념들을 의식에 계속 주입한다는 의미이다.

우리의 의식이 확연히 이성적인 반면에, 잠재의식은 반(半)이성적인 방식으로 작동한다. 잠재의식은 터무니없는 잡생각들을 끄집어낸다. 잠잘 때 꾸는 꿈을 생각해 보라. 또한 잠재의식은 다양한 불미스러운 외부 자극에 쉽게 영향을 받는다. 예를 들어 우리가 간혹 필요 없는 물건을 살 때가 있는데, 그것은 광고주가 우리의 잠재의식에 어떤 생각을 성공적으로 심어놓았기 때문일 수 있다. 결국은 그 생각이 의식을 설득하여 끝내 소비하게 하는 것이다.

의식은 이성적인 본성을 가지므로 책임자의 위치에 있을 것이라고 생각하기 쉽지만 실은 그렇지가 않다. 오히려 의식은 잠재의식의 부하 역할을 아주 기꺼이 수행하려고 한다. 예를 들어, 의식은 자신의 추론 능력을 사용하여 대출금을 상환하여 부담을 줄일 방법을 궁리하는 대신, 고급 자동차 구입 자금을 마련할 영리한 구실을 찾아내는 데 시간을 소비할 수 있다. 이미 잠재의식이 그 차 없이는 살 수 없다고 의식을 설득해놓은 상태인 것이다.

그러면 잠재의식의 힘은 도대체 어디에서 나올까? 간단히 말하자면 잠재의식은 정정당당히 싸우지 않는다. 의식이 잠재의식의 제안을 거절할 합당한 이유를 들고 나오면, 잠재의식은 단지 그 제안을 다시 꺼낼 뿐이다. 그리고 계속 졸라댄다. 우리가 저녁 식사를 하고 난 후에 두 번째 케이크 조각을 먹고 있는 자신의 모습을 발견하는 이유가 바로 이것이다. 진실을 말하자면, 실은 첫 번째 케이크 조각도 먹을 필요가 없었다. 맥주를 한 잔만 마시기로 해 놓고 또 한 잔 더 갈망하는 이유도 똑같다. 더구나 맥주 첫 잔에 들어 있는 알코올이 우리 뇌에 영향을 미쳐서 잠재의식의 성가신 잔소리를 견딜 수 있는 의식의 능력을 약화시키기도 한다. 그리하여 결과적으로 우리는 '딱 한 잔만 더'를 원하게 되는 것이다.

그렇지 않으면, 잠재의식은 낮에는 가만히 기다리고 있다가 막상 잠자리에 누울 때 어떤 생각 하나를 떠오르게 한다. 우리는 잠들기 위해서 어떻게든 그 생각을 우리의 (의식적) 마음에서 지우려 하겠지만, 그래 봐야 그 생각은 다시 불쑥 튀어나온다. 결과적으로 잠을 빼앗긴 우리의 의식은 동틀 때쯤 항복 선언을 해버릴 수도 있다. 잠재의식아, 네가 원하는 대로 뭐든지 할 테니까 제발 그 입 좀 닥쳐라.

왜 우리는 쉽게 남탓을 하는가

우리가 좌절을 겪을 때 잠재의식은 그 원인을 헤아리는 작업에 나선다. 그리고 그 결과 비난의 손가락질을 하는 경향이 있다. 다른 사람을 좌절의 원인으로 지목하거나, 사악한 동기들을 그 사람의 탓으로 돌리고 싶어하는 것이다. 더 일반적으로 말하자면, 잠재의식은 인생의 좌절을 주로 부당하게 겪는 고초로 간주하며, 우리가 부당한 일을 당하고 있다며 우리를 설득하고자 애쓴다. 적절한 방지 조치들을 취하지 않는다면 우리의 감정은 잠재의식의 사건 해석을 지지하는 쪽으로 금방 바뀔 것이다. 하지만 잠재의식이 의식을 괴롭혀 굴복을 받아내고 싶어하는 동안, 우리의 감정들도 나름의 요구들을 외쳐댄다. 결과적으로 좌절의 여파 속에서 매우 놀랍게도 우리는 잠재의식이 비난한 바로 그 사람에게 소리를 질러대고 있는 자신의 모습을 발견할 수 있다.

따라서 좌절을 겪을 때 우리의 의식적 경험은 잠재의식이 지휘하고 감정들이 합세하는 이중 공격, 이를테면 교차사격의 목표물이 될 수 있다. 이런 상황에서 우리의 의식은 어떻게든 명료하게 사고하고자 버둥거릴 것이고, 결과적으로는 그 좌절에 대처하는 보잘 것 없는 해결 방안을 마련하는 방향으로 결론이 날 것이다. 더 나쁜 결과는 다음과 같다. 감정은 한 번 자극되고 나면 가라앉기가 어렵기 때문에, 그런 감정을 유발한 좌절이 극복되고 나서도 한참동안 우리 삶은 계속 혼란스러울 수 있다. 감정과 잠재의식을 상대하는 일이야말로 일생의 도전임을 덧붙이지 않을 수 없다. 왜냐하면 아이와는 달리 우리의 감정과 잠재의식은 결코 성장하지 않기 때문이다.

잠재의식을 제어하라

감정과 잠재의식이 우리 삶에서 수행하는 역할을 원망할 수도 있다. 세상사에 대처하는 우리의 능력에 지장을 초래해서 우리의 일상을 필요 이상으로 더 힘들게 하기 때문이다. 그래서 뛰어나게 이성적인 사람들이었던 고대의 스토아주의자들이(이들은 세계 최초의 논리학자들이었다) 혹시 잠재의식의 작동을 무력화하고 감정을 고사시키기 위해 노력하지 않았을까 상상해볼 수도 있겠다. 하지만 그들은 그러지 않았다.

그들은 우선 잠재의식을 갖는 것에 이로운 측면이 존재한다는 사실을 인정했다. 예를 들면, 잠재의식은 말로 표현하기 매우 어려운 방식으로 상대의 몸짓 언어와 얼굴 표정을 읽어낼 수 있고, 결과적으로 어떤 사람은 믿어서는 안 된다는 육감을 제공하여 우리가 상대에게 이용당하는 것을 막아준다. 또한 잠재의식에는 도덕 감각이 있다. 영웅적인 수많은 구조 행위의 계기는 이성적인 분석이 아니라(그럴 시간조차 없다) 특정 상황 하에서 무슨 일을 해야 하는가에 관한 직관적인 도덕 본능으로 밝혀져 있다.[1] 또한 잠재의식은 대다수 창조적 통찰의 원천이기도 하다. 예술가, 작가, 수학자, 과학자, 발명가들은 혁신적인 발상을 얻기 위해 잠재의식에 크게 의존한다.[2] 만약 뮤즈 같은 존재들이 정말로 있다면, 우리의 잠재의식이 바로 그들의 거주지이다.

잠재의식이 수학자, 과학자, 발명가에게 통찰을 제공한다는 사실은 그것이 제멋대로의 상상력 말고도 추리 능력까지 갖고 있음을 암시하며, 실제로도 그렇다. 다만 추리하는 방식에서 의식과 차이가 있을 뿐이다. 특히 잠재의식은 소위 수평적 사고에 아주 기꺼이 관여하고, 잘 발견하기 힘든 여러 발상들 간의 연관 관계들을 탐구한다. 이런 것은 우리의 건전하고 규율에 따르는 의식이 꺼릴만한 일이다.

스토아주의자들은 감정에 반대한 사람들이 아니었다. 실제로 그들은 기쁨, 즐거움, 경외감 같은 긍정적인 감정에 높은 가치를 두었다. 그들은 이런 감정들이 없었다면 우리는 아마도 아무런 의미도 찾을 수 없는 우중충한 삶을 살게 되었으리란 것을 알았다. 하지만 그와 동시에 그들은 절망, 분노, 슬픔, 실망 등을 포함한 부정적인 감정들의 경험을 최소화하는 데에 전념했다.

그들이 내가 소위 스토아의 시험 전략이라고 부르는 것을 들고 나왔던 이유도 바로 이것이다. 우리는 이 전략을 사용하기 위해서 우리가 겪는 좌절을 단지 부당한 고난으로 여길 게 아니라, 가상의 스토아 신들이 주관하는 창의력과 회복탄력성 시험이라고 가정한다. 이 시험을 통과하려면 우리는 좌절에 맞설 효과적인 해결 방안을 제시해야 할 뿐만 아니라, 부정적 감정들의 습격도 피해야 한다.

우리는 좌절을 스토아의 시험으로 간주함으로써 잠재의식을 '좌절 반응'의 순환 회로 밖으로 끄집어내게 된다. 더 정확히 말하자면, 좌절을 겪을 때 잠재의식이 다른 어떤 이가 나를 이용하거나 박대하고 있다고 넘겨짚는 식의 비난 섞인 설명을 내놓지 못하도록 막는 것이다. 이것은 감정이 활성화되는 것을 차단하여 결과적으로 좌절로 인해 치러야 할 개인적 비용을 극적으로 낮출 뿐 아니라, 신중한 방식으로 좌절에 대처할 수 있는 기회도 높인다.

　설령 이것이 스토아의 시험 전략을 통해 성취할 수 있는 전부라 해도, 우리가 좌절에 대응할 때 이 전략을 사용해볼 만한 가치는 충분하다. 또한 이 전략을 영리하게만 사용한다면, 우리가 좌절이 선사한 도전에 대항하여 일어설 때 단지 부정적 감정들을 피하는 것뿐만 아니라 자부심, 만족감, 그리고 심지어 희열감까지도 포함하는 긍정적 감정들을 경험할 수 있을 것이다. 달리 말하자면 스토아주의자들은 인생이 우리에게 건넨 좌절이라는 레몬을 레모네이드로 아니, 더 나아가 레몬 머랭 파이로 바꾸는 전략을 제시했다고 할 수 있다.

　스토아의 시험 전략을 발견하고 발전시킨 것은 분명 스토아주의자들의 가장 위대한 성취 중 하나다. 이 책의 나머지 지면에서 나는 이 전략을 훨씬 더 상세하게 살피고, 활용법도 탐구할 것이다. 하지만 우선 스토아의 시험 전략에서 그 중심부에 자리 잡고 있는 두 개

의 심리 현상들과 먼저 친숙해지도록 하자. 바로 앵커링(anchoring)
과 프레이밍(framing)이다. 이 현상들은 스토아주의자들이 그들의
삶과 철학 속에서 처음 활용한 후 2000년이 지난 20세기 후반에야
비로소 '발견'되었다.

6장

좌절의 기술 1

최악의 상황을
미리 상상해본다는 것

1974년에 두 명의 심리학자 아모스 트버스키와 대니얼 카너먼이 원형 회전판을 이용한 실험을 수행했다.[1] 이 회전판은 겉보기에는 1부터 100 사이에 있는 어떤 수든 나올 수 있었다. 하지만 실제로는 숫자 10과 65 둘 중 하나만이 나오게 조작되어 있었다. 피험자들 앞에서 회전판을 한 번 돌린 후 그들에게 두 가지 질문을 했다. 첫째, 유엔 회원국 중 아프리카 국가의 비율이 지금 회전판에서 나온 수보다 더 높은가 낮은가? 둘째, 그들이 생각하는 실제 비율은 얼마인가?

회전판 숫자가 10이 나온 피험자들은 평균적으로 유엔 회원국 중 아프리카 국가의 비율을 25퍼센트로 추측했다. 반면 회전판 숫자가 65가 나온 피험자들은 45퍼센트로 추측했다. 이것은 매우 이상한 행동이다. 왜냐하면 회전판에 나온 숫자는 분명히 유엔에 가입한 아프리카 국가의 비율과는 상관이 없기 때문이다. 그런데도 그들의 추측에 그 회전판 숫자는 분명히 영향을 미쳤다. (1974년 당시 유엔 회원국 중 36퍼센트가 아프리카 국가였다.)

또 다른 심리학자인 프리츠 스트랙(Fritz Strack)과 토머스 무스바일러(Thomas Mussweiler)는 이 실험을 변형시켜 피험자들을 두 집단으로 나누었다.[2] 첫 번째 집단에게는 먼저 마하트마 간디가 죽었을 때의 나이가 9살보다 많았는지 적었는지 묻고, 이어서 그가 몇 살에 죽었는지 추측하라고 했다. 그들이 제시한 평균 나이는 50세였다. 두 번째 집단에게는 먼저 간디가 죽었을 때 140살이 넘었는지 안 넘었는지 묻고, 이어서 그가 몇 살에 죽었는지 추측하라고 했다. 두 번째 집단이 추측한 값은 평균 67세로, 첫 번째 집단의 추측에 비해 17살이나 더 많았다. 간디는 그가 했던 모든 위업을 성취하기 위해 명백히 9살보다는 더 나중에 죽었어야 했고, 아무도 그렇게 오래 산 사람은 없기 때문에 명백히 140살 전에는 죽었어야 했다. 따라서 피험자들에게 던진 '이상-이하' 질문이 그의 나이가 몇살일지 추측하는 데에 그렇게 큰 영향을 미쳤다는 사실은 놀랍다. (간디는 실제로 78세에 죽었다.)

이 사례들은 앵커링 효과(anchoring effect)라고 알려진 현상을 잘 보여준다. 카너먼과 트버스키의 실험에서, 조작된 회전판은 연구 대상자들의 잠재의식에 '닻'을 가라앉혔다. 그 닻은 그곳에 자리 잡고 앉아서 사람들이 뒤이어 내놓을 의견에 영향을 미쳤다. 스트랙과 무스바일러의 실험에서는 간디의 나이에 관한 '이상-이하' 질문이 비슷한 역할을 했다. 두 실험에서 이성적인 추측을 할 수 있는 충분한 정보를 확보하지 못한 피험자들의 의식은 자신의 무지를 인정하는 대신 자신의 잠재의식에게 무대를 양보했고, 무대를 넘겨받은 잠재의식은 기꺼이 모험적인 답변을 내놓았다. 하지만 피험자들의 잠재의식에 가라앉아 있던 닻에 의해 그들이 추측은 왜곡되었다.

비즈니스에서는 물건이나 서비스를 팔기 위해 앵커링을 이용한다. 어떤 옷 가게가 팔아야 할 옷이 한 무더기 있다고 하자. 판매자는 두 가지의 판매 방식을 선택할 수 있다. 계획 A는 모든 셔츠마다 32달러 가격표를 붙이는 것이다. 계획 B는 40달러 가격표를 붙이되 사이사이에 20퍼센트 할인가 셔츠를 집어넣는 것이다. 두 경우 모두 소비자들은 32달러짜리 셔츠에 손을 대게 될 테지만, 계획 B의 경우 40달러짜리 '정상 가격 닻'을 구매자의 잠재의식속에 가라앉힘으로써 판매자는 심리적 이득을 얻는다. 결과적으로 소비자들은 그 셔츠들을 사면서 40달러짜리를 32달러에 구했다는 인상을 갖게 될 것이다. 이 인상은 그들에게 셔츠를 더 구매해도 되겠다는 욕구를 유발할 테고, 그렇게 해서 추가적으로 판매된 할인 셔츠와 소량이지만 정상가 40달러로 판매된 셔츠의 판매 금액을 합하면[3] 전체적으로 볼 때 계획 B가 계획 A보다 실질적인 이득이 더 클 것이다.

가장 탁월한 스토아의 심리 도구

고대 스토아 철학자들은 요즘의 심리학자나 비즈니스맨보다 훨씬 앞선 사람들이었다. 그들은 셔츠를 팔기 위해서가 아니라 더 충만한 삶을 살기 위해 앵커링을 이용했다. 특히 그들은 자신의 삶이 더 나빠질 수 있는 방식들을 주기적으로 꼭 상상하곤 했다. 이것이 비참한 생활에 대비하는 처방전처럼 들릴 수도 있지만, 실은 완전히 정반대였다. 어떻게 상황이 더 나빠질 수 있을지 사고함으로써 그들은 효과적으로 잠재의식에 닻을 가라앉힌 것이다(물론 그들이 이런 심리학의 용어들로 사유했던 것은 아니다). 그런 닻은 그들이 현재 상황을 뒤이어 어떻게 생각할지에 영향을 미친다. 그들은 현재 상황을 자기들이 무심결에 늘 꿈꾸는 괜찮은 상황에 빗대는 대신, 지금 상상한 좋지 않은 상황에 견줌으로써 현재 상황이 그리 나쁘지는 않다고 결론 내렸다.

오늘날 부정적 시각화(negative visualization)라고 알려져 있는 이 기법은 스토아의 공구상자에 들어 있는 가장 빼어난 심리 도구 중 하나다. 스토아주의자들이 부정적으로 시각화하라고 조언하는 건 상황이 얼마나 더 나쁠 수 있었는지를 곰곰이 숙고하라는 주장이 아님을 깨달아야 한다. 그랬다면 그것은 실제로 고통에 대비한 처방전일 것이다. 그 대신 우리가 해야 할 일은 우리의 인생과 상황이 얼마나 더 나빠질 수 있는지에 관해 그저 스치듯 생각하는 것이다.

부정적 시각화 연습의 일환으로 친한 친구가 죽었다는 전화를 받는다고 상상해 보라. 이 가능성을 마음에 '가라앉히기' 위해 스스로 몇 초의 시간을 가져라. 이런 생각에다 그 친구의 장례식에 참석하는 심적 이미지를 떠올려 볼 수도 있다. 부정적 시각화의 시각적 구성 요소이다. 그러고 나서 일상으로 되돌아오라. 다음번에 그 친구를 만날 때 그 친구가 계속 살아 있다는 사실로부터 솟아나는 작은 기쁨을 경험할 아주 좋은 기회를 얻을 것이다. 이것은 그 친구의 존재를 당연시해왔던 기존 태도를 잠깐이라도 멈출 기회였기 때문이다.

또 다른 부정적 시각화 연습으로 몇 초간 눈을 감고 색깔을 볼 수 없게 되었다고 상상해 보라. 회색의 세계를 애써 상상해보라. 이제 눈을 뜨고 주변을 유심히 살펴보라. 아마도 마음 상태가 바뀐 채로 주변을 보고 있을 가능성이 높다. 일생 동안 보아왔던 온갖 색들이 이제야 정말로 눈에 보일 것이며 아마도 그 색들을 바라보는 마음은 기쁨에 찼을 것이다. 우리는 잠깐 동안만이라도 컬러의 세계에서 색맹으로 살고 있지 않다는 데에 감사할 것이다.

색맹인 사람들은 이런 시각화 연습을 할 수 없겠지만 걱정하지 말라. 또 다른 연습 방법이 여기 있다. 색맹이 아니라 시각장애인이 된다고 상상해 보라. 장미꽃이나 연인의 얼굴을 볼 수 없는 암흑의 세계에 살고 있다고 상상하라. 아니, 단지 상상만 할 게 아니라 잠시 그렇게 살아보는 건 어떤가? 이 연습의 확장판으로, 눈을 감고 얼마나 오랫동안 있을 수 있는지 한 번 시도해 보라. 아마도 다시 눈을 떴을 때 감사한 마음이 샘솟아 오르는 것을 느끼리라.

설령 우리가 공교롭게도 색맹이 아니라 완전한 시각장애인이라고 해도, 우리는 부정적 시각화로부터 여전히 혜택을 얻을 수 있다. 시각장애인인 우리는 추정컨대 이 책을 점자로 읽거나 오디오북으로 듣고 있을 것이다. 하지만 그 대신 우리가 점자와 녹음기가 존재하지 않던 시대에 살고 있다고 상상해 보라. 그런 상황에서라면 우리에게 책을 읽어줄 용의가 있는 사람을 찾아야 할 것이다. 그렇지 않으면 우리는 문예의 세계로부터 차단될 것이다. 그러나 우리는 그런 시대에 살고 있지 않다. 이번에도 역시, 우리는 행운아가 아닌가?

무언가를 상실하면 상황이 얼마나 많이 나빠질지만 생각하지 말고. 그것이 처음부터 아예 없었더라면 상황이 얼마나 더 나빴을 시도 생각해볼 수 있다. 이런 방식으로 1세기 로마 여인인 마르키아(Marcia)의 상황을 고려해 보라. 여인은 아들이 죽고 3년이 지났는데도 여전히 큰 슬픔에 젖어 있었다. 이 여인에게 세네카가 전한 조언은 이렇다. "아들의 생명이 다한 것을 슬퍼하기보다는 그 아들이 어머니의 인생에서 그리도 오랫동안 역할을 다할 수 있었던 것에 감사해야 합니다."[4]

좌절은 행운이다

똑똑한 사람만이 부정적 시각화를 실천할 수 있는 것은 아니다. 많은 시간이 필요하지도 않다. 오히려 불과 몇 초면 실제로 어디서든 실천할 수 있고, 금전적 비용은 전혀 들지 않는다. 이런 기초적인 기법이 그렇게 강력할 수 있다는 사실은 놀랍기 그지없다. (가상의) 스토아 신들이 인류에게 준 선물이라고 생각해도 좋다.

그렇게 강력한 기법인데도 배우기 아주 쉽다는 사실 역시 놀랍다. 저 먼 깊은 산까지 스승을 찾아가 배워야 할 필요가 없다. 익숙해지는 데 몇 년 동안의 연습이 필요한 것도 아니다. 실제로 우리는 앞의 마지막 몇 단락을 편하게 읽음으로써 (희망컨대 부디 안락한 의자에 앉아서 읽고 있기를) 이 기법의 혜택을 얻기 위해 알아두어야 할 모든 것을 배운 셈이다. 혹시 독자들 중에 내가 말한 연습 방법을 실행하여 벌써 혜택을 받은 사람들이 있을지도 모르겠다.

우리가 지금 갖고 있는 것들을 당연시하기는 쉽다. 그러므로 오랫동안 나쁜 일이 전혀 발생하지 않아, 실천적 스토아주의자가 자기만족에 빠져 부정적 시각화의 실행을 잊어버리는 일도 벌어질 수 있을 것이다. 이런 일이 나에게도 여러 차례 있었다. 천만다행으로 스토아의 신들은 사람들로 하여금 상황이 어떻게 나빠질 수 있는지 생각하게 하는 방법을 알고 있다. 그들은 우리에게 좌절을 선사함으로써 상황이 얼마나 더 나빠질 수 있는지 보여준다. 실제로 이런 좌절은 그들이 우리에게 베푸는 호의이다. 왜냐하면 좌절은 만약 우리가 적절한 마음의 프레임으로 대처할 수만 있다면, 우리 삶과 주변 상황에 대해 새롭게 감사할 수 있는 계기를 마련해줄 가능성이 있기 때문이다.

우리는 약간의 노력과 지능만으로도, 우리가 마주칠 대부분의 먹구름 틈으로 환히 밝아오는 빛을 발견할 수 있다. 지금 상황이 아무리 나쁘더라도 실은 더 나빴을 수도 있다. 이것 하나만으로도 고마워할 이유가 된다.

7장

좌절의 기술 2

좌절은
다르게 바라볼 때 끝난다

프레이밍은 고대 스토아주의자들이 활용했고 현대 심리학자들이 최근에 와서야 재발견하여 연구한 또 다른 흥미로운 심리 현상이다. 앵커링은 우리가 살아가면서 더 감사할 수 있게 돕는 반면에, 프레이밍은 좌절이 우리의 평정심을 깨뜨리는 일을 막아준다. 사건들을 영리하게 프레임에 넣는다면 심지어 우리가 겪는 좌절을 환영하게 될지도 모른다! 이것은 꽤나 놀라운 주장이라는 것을 나도 알고 있다. 그러니 한번 설명해보겠다.

가설적인 질문으로 시작해 보자. 주치의가 내게 심각한 질병에 걸렸다면서 두 가지 치료법 중에서 하나를 선택하라고 했다. 하나는 90퍼센트의 확률로 한 달 동안 생존이 가능한 반면 다른 하나는 첫 달 사망률이 10퍼센트에 이른다. 어느 쪽을 선택하겠는가?

많은 사람들이 높은 생존율 때문에 첫 번째 치료법에 끌릴 것이다. 하지만 더 주의 깊게 생각해보면, 한 달 생존율 90퍼센트는 첫 달 사망률 10퍼센트와 같은 말임을 깨닫게 될 것이다. 따라서 철저히 이성적인 인간이라면 두 개의 치료법이 차이가 없음을 알아차릴 것이다. 하지만 사람은 철저히 이성적이지 않으며, 특히 각 선택지에 어떤 프레임이 씌워지는지에 영향을 받는다. 그리고 생존 프레임이 씌워진 선택지는 죽음 프레임이 씌워진 동일한 선택지보다 더 매력적으로 보인다. 고도의 훈련을 받은 의사들조차 이 프레이밍 현상에 쉽게 속아 넘어갈 수 있다.[1]

오래전 스토아 철학자들은 프레이밍의 위력을 이해하고 그 진가를 인정했다(물론 그들이 이 용어를 사용해서 그런 현상을 묘사한 것은 아니다). 에픽테토스에 따르면, "그대가 그러기를 소망하지 않는 한 다른 사람은 그대에게 해를 입히지 않을 것입니다. 그대는 스스로 해를 입게 만든 바로 그 시점에 비로소 해를 입게 될 것입니다."[2] 더 일반적으로 말하자면, 그는 "사람들을 망치는 것은 사물 그 자체가 아니라 그 사물에 관한 그들의 판단"이라고 우리를 일깨운다.[3] 세네카도 이 견해를 공유한다. "중요한 것은 잘못이 어떻게 저질러지느냐가 아니라, 그것이 어떻게 받아들여지는가이다."[4] 마르쿠스 아우렐리우스도 마찬가지였다. "만약 그대가 외적인 어떤 것 때문에 괴로움을 겪는다면, 그 고통은 그 사물 자체에서 기인한 것이 아니라 그것에 대한 그내의 평가에서 기인했다. 그리고 이런 고통에 관해서라면 그대는 어느 순간에라도 그것을 무효화할 수 있는 힘을 갖고 있다."[5] 다른 말로 하면, 스토아주의자들은 비록 우리의 잠재의식이 부정적 감정을 유발하는 방식으로 사건을 프레임에 넣는 경향이 있지만, 우리가 사건을 의식적으로 프레임에 넣음으로써 그러한 경향성을 실질적으로 약화시킬 수 있다는 사실을 알았다.

우리의 삶을 미술관이라고 생각해보자. 그곳에 있는 그림들은 우리가 매일 경험하는 사건이다. 비록 이 미술관에 어떤 그림을 걸지 통제할 우리의 능력에는 한계가 있지만, 그 그림을 어떤 액자에 넣을지에 관해서는 우리가 광범위한 통제력을 갖는다. 그러면 그런 프레이밍이 온갖 차이를 만들어낸다는 것이 드러난다. 어떤 액자에 넣으면 소름끼치게 보이는 그림도 다른 액자에 넣으면 웅장해 보일 수 있다. 그래서 미술관의 용어를 빌려 표현하자면, 낙관주의자는 인생의 그림들을 아름답게 보이게 할 액자에 넣는 사람이고, 비관주의자는 보기 흉한 액자에 넣는 사람이다.

앞서 살폈듯이, 스토아주의자들은 흔히 감정 없는 목각 인형 같은 사람들로 풍자되곤 하지만 그것은 전혀 사실이 아니다. 로마의 스토아주의자들은 낙관적이었을 뿐 아니라 적극적으로 즐거운 삶을 살았다는 평판을 들었다. 그들은 활기가 넘쳤고, 그중 다수는 주변 사람들에게 존경과 더 나아가 사랑까지 받았던 것으로 보인다. 그들이 매력을 발산한 요인들 중 하나는 세상의 밝은 면을 보는 그들의 성향, 즉 인생이 그들에게 건네 준 그림들을 아름다운 액자에 집어넣는 성향이었다.

좌절을 다른 식으로 설명하라

인생이 우리에게 좌절을 선사할 때, 그 상황을 설명할 수 있는 수많은 방식이 있다. 그 상황을 집어넣을 수없이 많은 프레임이 있다는 말이다. 앞서 살핀 대로 우리의 잠재의식은 주로 타인들이 나를 좌절시켰으며, 그자들이 고의로 심지어는 악의로 그렇게 했다고 넘겨짚는다. 나는 이것을 비난 프레임이라고 부를 것이다. 일단 잠재의식이 이렇게 하고 나면 그다음에는 감정이 자극되고, 그래서 결국 우리는 화를 내게 된다. 단순한 좌절이 터무니없게도 호된 시련으로 바뀌어버린다.

다행히 우리의 의식은 잠재의식의 작동을 억제하는 능력이 있다. 우리의 좌절을 다른 식으로 설명함으로써, 그 좌절을 중립적인 프레임이나 아예 아름다운 프레임에 집어넣는 것이다. 그렇게 하면 부정적 감정들이 일어나는 것을 방지하고, 심지어 긍정적 감정들을 생겨나게 할 수도 있다. 그렇다면 의식이 사용할 수 있는 대안적인 프레임에는 어떤 것들이 있는지 그중 몇 가지를 탐구해 보자.

경쟁하는 의무들 프레임: 어떤 이가 우리가 갖고 싶어하는 무언가를 주지 않으려 한다고 가정하자. 우리의 잠재의식은 아마도 이 좌절에 대해서 비난 프레임을 씌울 가능성이 있다. '그 사람이 나를 속이는 거야.' 결과적으로 우리는 화를 낼지도 모른다. 하지만 기대한 것을 얻지 못한 상황을 설명하는 다른 방식들이 있다. 이를테면 우리에게 무엇을 줄지 결정하는 그 사람이 '의무들의 거미줄'에 걸려 있는 상황일 수 있다. 이 말은 만약 그 사람이 우리가 뭔가 원한다고 그것을 우리에게 줘버리면 다른 사람들에게는 마땅히 가야 할 몫을 줄 수 없게 된다는 뜻이다. 만약 이 말이 사실이라면 우리가 기대한 것을 얻는 일은 잘못된 일이며, 따라서 그것을 얻지 못했다고 화를 내는 일은 비이성적인 처사가 될 것이다. 이러한 좌절을 경쟁하는 의무들에 따른 불가피한 귀결이라는 프레임에 넣음으로써 우리는 수많은 부정적 감정을 피할 수 있다.

무능력 프레임: 호텔 직원이 예약을 깜빡했다고 가정해 보라. 일부러 그랬을 수도 있다. 하지만 그냥 무능한 사람일 가능성이 더 높다. 이 사고를 악의의 프레임이 아니라 무능의 프레임에 넣으면,

뒤이어 경험할 감정은 분노보다는 연민이 될 수도 있다.

스토리텔링 프레임: 좌절을 겪었을 때, 미래에 사람들에게 들려줄 수도 있는 좌절담이 생겼다는 관점에서 생각하라. 자칫하면 이것은 우리가 얼마나 실망했는지, 사람들이 얼마나 비열하고 어리석은지, 세상이 얼마나 불공정한지 등에 관한 이야기일 수 있다. 달리 말하자면 이것은 사람들이 이전에도 수백 번은 들어봤다고 할 만한, 진정으로 지루한 이야기일 것이다. 하지만 우리가 조금 더 노력을 기울이고 행동으로 보여준다면, 우리는 재미있고도 듣는 사람에게 희망까지 줄 수 있는 이야기를 쓸 수 있다.

미래의 스토리텔링이라는 관점에서 생각하는 것은 우리가 겪는 좌절을 크게 완화시킬 수 있다. 그렇게 하면 우리는 자신이 어떤 부당한 일을 당했는지가 아니라 이 이야기를 만족스럽게 마무리 지으려면 무엇을 해야 하는지에 더 중점을 두게 되기 때문이다. 게다가 만약 좌절의 여파로 사태가 기묘하게 돌아가더라도, 당혹감이 더욱 커지기는커녕 오히려 고마움을 느낄 수도 있다. 우리의 좌절담에 흥미로운 반전 소재가 생기기 때문이다.

이 시점에서 먼저 한 가지를 분명히 해 두는 게 적절하겠다. 스토리텔링 프레임을 사용할 때, 좌절로 인해 울분에 찬 혼란을 겪고 나서 자기가 그 상황을 얼마나 멋지게 처리했는지 이야기를 잘 꾸며내라는 의미는 아니다. 우리가 전하는 이야기는 진실이어야 한다. 따라서 우리가 이야기 속에서 자신을 회복탄력성이 있고 수완이 좋은 사람으로 부각시키고 싶다면, 좌절에 대처할 때 실제로 회복탄력성이 있고 수완이 좋아야 한다.

또한 만약 에픽테토스 같은 로마의 스토아주의자가 스토리텔링 프레임을 활용한다면, 그가 나중에 자기가 '쓴' 그 이야기를 다른 사람들과 공유하지 않으리라는 점도 깨달아야 한다. 결국 그가 이 프레임을 활용할 때 염두에 둔 우선적인 목표는 좌절로 인한 부정적인 감정을 경험하는 일을 피하려는 것이고, 아마도 그 목표는 스토리텔링의 기회가 생겨난 바로 그 시점에 이미 성취했을 것이다. 더 나아가 만약 그가 그래도 나중에 그 이야기를 굳이 공유한다면, 두 가지 이유 중 하나일 가능성이 높다. 첫째는 우리가 겪었거나 장차 겪을 수도 있는 좌절에 대한 해결 방안을 사람들에게 알려주려는 것이다. 둘째는 비관적인 사람에게 좌절 경험이 반드시 부정적 감정을 촉발하지는 않으며 오히려 실제로는 긍정적 감정을 촉발할 수도 있다는 사실을 보여주려는 것이다. 정말 멋지지 않은가!

아마도 에픽테토스라면 다른 사람들에게 자신의 회복탄력성과 창의성이 얼마나 뛰어난지 알리려는 의도로 좌절담을 공유하는 짓 따위는 하지 않았을 것이다. 그는 자신을 비롯해 로마의 다른 스토아주의자들이 따르던 인생의 가치관이 평범하지 않음을 너무도 잘 알고 있었다. 대부분의 사람들이 명예와 재산을 중시했지만,[6] 스토아주의자의 첫째가는 삶의 목표는 평온을 얻은 다음 유지하는 것이었다. 즉, 긍정적 감정을 계속 갖고 유지하면서 부정적 감정을 피하는 것이다. 그는 사람들이 타인을 판단할 때, 판단의 대상이 된 당사자들의 가치관이 아니라 자기 자신의 가치관에 따른다는 것을 알았다. 따라서 그는 분별 있는 스토아주의자라면 스토아주의자가 아닌 사람들의 칭찬은 무시할 것이라고 결론 내렸다. 그렇다면 그에게는 굳이 그런 칭찬을 얻고자 애써 자신의 좌절담을 공유하는 것은 아무 의미도 없을 것이다.

심지어 에픽테토스는 비(非)스토아주의자들에게 칭찬을 받았다는 것을 우리가 스토아주의자로서 어느 정도 발전했느냐에 관한 일종의 반대 지표로 받아들여야 한다고 말하기까지 했다. "만약 사람들이 그대를 대단한 사람으로 생각한다면, 자기 자신을 의심하시오."[7] 마찬가지로 아마도 그는 자신에 대한 타인의 비판을 자신이 실천적 스토아주의자로서 올바른 길로 나아가고 있다는 증거로 받아들였을 것이다. 이런 말들이 심술궂게 들리리란 것을 나도 안다. 하지만 주변의 불행한 사람들을 한번 둘러보라. 그들의 칭찬을 얻는 가장 확실한 방법은 그들의 가치관을 수용하고 그에 따라 사는 것이다. 그러면 그들이 쉽게 우리를 칭찬할 것이다. 왜냐하면 그럼으로써 그들은 간접적으로 스스로를 칭찬하고 있는 셈이기 때문이다. 물론 문제는 우리가 그들의 가치관을 공유함으로써 그들의 비참한 신세까지 공유하는 꼴이 될 가능성이 있다는 것이다.

희극 프레임: 누군가가 우리에게 잘못을 저지를 때 세네카의 한 마디를 명심하라. "우리를 눈물로 몰아가는 것들에 대해서는 웃음, 그것도 많은 웃음이 올바른 대응법이다."[8] 또한 그는 소크라테스가 이 기법을 활용했다는 사실도 우리에게 일깨워주었다. 소크라테스는 지나가다 누군가가 자신의 따귀를 갈겼을 때 화를 낸 것이 아니라, 산책하러 나가면서 투구를 써야 할지 말지를 미리 알지 못했던 것이 얼마나 불행한 일이더냐고 툭 내뱉는 것으로 응수했다.[9]

나는 페루의 마추픽추를 여행하던 중에 좌절 앞에서 유머를 활용한 멋진 사례를 우연히 접했다. 내 여행 가이드가 몇 년 전 안데스 산맥의 잉카 등산로를 따라 4일 동안 하이킹을 하는 호주인 일행을 안내한 이야기를 해주었다. 하이킹이 끝났을 때 그 일행은 인근 마을인 아과스칼리엔테스(Aguas Calientes)로 돌아갔고, 거기서 기차를 타고 쿠스코(Cusco)로 가서 집으로 돌아가는 비행기를 타기로 되어 있었다. 그러나 그때 내 가이드가 그곳 기차의 운행이 며칠 동안 중단된다는 사실을 알게 되었다. 우루밤바 강(Urubamba River)이 범람 수위에 도달했고, 이것은 곧 그의 고객들이 아과스칼리엔테스에 붙잡혀 있게 되었음을 의미했다. 이 소식을 전하자 그들은 침

묵에 빠졌다. 그러다 일행 중 한 명이 재기 넘치는 반응을 내놓았다. "그렇군, 그렇다면 맥주나 마시자고!" 나머지 사람들은 활짝 웃었고 다 함께 흔쾌히 근처의 술집으로 몰려갔다.

그 호주인은 좌절에 유머로 응수함으로써 자신에게서 분노가 생겨나는 것을 막았을 뿐만 아니라 일행 전체의 분위기도 다잡았다. 온 방안의 공기를 가득 채웠을 불평불만을 그의 농담이 효과적으로 차단했다. 일단 그가 맥주 카드를 던진 마당에 다른 이가 나서서 "내게 더 좋은 생각이 있어. 함께 둘러 모여 인생이 얼마나 불공정한 것인지 한탄해 보는 게 어때"라고 말하기란 대단히 어려웠을 것이다. 또한 맥주를 마시러 나감으로써 그 호주인들은 지금의 좌절을 향후에 친구들과 공유할 수 있는 훌륭한 이야기로 변모시켰다는 점에도 주목하라. 그들의 좌절은 한때 아과스칼리엔테스에서 발목이 잡혔던 에피소드가 되었다.

유머를 요긴하게 써먹을 수 있는 또 다른 기회는 모욕당했을 때이다.[10] 많은 사람들은 모욕에 분노로 대응하기 때문에 모욕은 그들을 좌절시킨다. 더 나은 대응책은 그냥 웃는 것이다. 그럼으로써 우리는 자신의 분노를 제압할 뿐만 아니라 자신을 모욕한 그 사람을 바보로 보이게 한다. 그 사람은 나름 최고의 독설로 나를 한 방 쳤지만 난 그냥 웃어 넘겨버렸으니까.

웃음은 심각한 개인적 참화를 겪을 때도 효과적인 대응책이 될 수도 있다. 로저 에버트는 이 사실을 깨달은 사람이었다. 마이클 큐비스(Michael Cubiss)도 그랬다. 그는 전직 장교 출신으로 이제 막 수입상을 시작한 활기 넘치는 건강한 사람이었다. 40세의 나이에 겪은 아주 심각한 뇌출혈이 그를 '락트인' 신세로 만들어 버렸다. 장-도미니크 보비 정도는 아니었지만 일상사를 처리하는 능력에 제약이 생겼을 정도로 중증이었다. 큐비스는 자신의 암담한 처지를 비관해 우울에 빠져드는 대신, 잘 발달된 자신의 유머 감각으로 자기가 처해 있는 우스꽝스러운 상황에 관해 농담을 던지며 대응했다.[11] 대부분의 사람들이 울고 싶어할 만한 상황에서 웃음을 끄집어낼 수 있는 사람이라면, 인생의 역경에 맞설 때 사용할 수 있는 강력한 무기를 지닌 것이다.

앞서 본 대로 소크라테스는 신체적인 공격에 대한 반응으로 농담을 꺼냈다. 어떤 이들은 이런 식의 대응을 도덕적인 이유를 들어 비판할 수도 있다. 소크라테스가 공격자를 향해 그저 웃기만 할 게 아니라 그런 자를 경찰에 넘기기라도 했어야 하는 것 아닌가?[12] 어쨌든 그렇게라도 해야 그런 공격자가 장차 소크라테스나 다른 어떤 무고한 사람을 다시 공격할 수 있는 여지를 줄일 테니까.

이런 비판에 대한 대응으로 나는 희극 프레임을 사용한다고 해서 공격자를 잡아넣는 일을 배제하는 건 아니라는 점을 지적하고자 한다. 그 공격을 희극 프레임에 넣음으로써 우리는 그 일로 인해 감정적 피해를 입는 일을 막을 수 있는데, 다름 아니라 바로 그럴 수 있다는 점이 중요하다. 왜냐하면 그런 공격의 여파로 경험하는 감정적 피해는 신체적 피해보다 훨씬 더 클 수 있기 때문이다. 프레이밍을 마친 후에 우리에게는 앞으로 자신이나 타인에게 유사한 공격이 재발하지 않도록 하는 조치들을 취할 수 있다. 상황에 따라 그 공격자를 당국에 넘길 수도 있다. 소크라테스가 실제 그렇게 했는지의 여부는 사료에 나와 있지 않다는 점을 덧붙여야겠다.

게임 프레임: 다음의 시나리오를 고려해 보라. 달리기를 하고 있는데 누군가 뒤에서 따라와 내 다리를 걸어 넘어뜨린다. 어떻게 반응하겠는가? 이것이 주어진 정보의 전부라면, 아마도 본능적으로 그 사건을 비난 프레임에 집어넣을 수 있겠다. 나는 무언가 부당한 일을 당했고, 이 일에 책임이 있는 저 야만적인 인간에게 단단히 화를 낼 거야.

그러나 너무 멀리 나가기 전에 이 시나리오에 한 가지 요소를 덧붙여보자. 내가 뒤에서 태클을 당한 바로 그 시점에 나는 럭비를 하고 있던 중이었고, 럭비 규칙에 따르면 그런 태클은 지극히 합당했다. 이런 상황에서 이 태클에 손가락질을 하면서 비난 프레임을 씌우는 것은 불합리한 처사일 것이다. 우리는 대신에 이 사건을 소위 게임 프레임이라고 부를 수 있는 것에 집어넣어야 한다. 태클은 결국 럭비 시합의 일부이며, 만약 그런 태클을 당하고 싶지 않았다면 운동장에서 멀찌감치 떨어져 있어야 했다.

럭비 시합 중이었다고 하더라도 태클을 하나의 좌절로 여길 수도 있겠지만, 어차피 우리가 럭비 시합을 제대로 즐길 작정이었다면 그 정도는 그저 어깨를 으쓱하며 무시해야 할 좌절이다. 하물며 태클한 선수를 범죄자 취급한다는 것은 말이 안 되며, 그가 어떤 럭비 규칙도 위반하지 않는 한 우리는 그를 운동장에서 정당한 경쟁 상대로 대우해야 한다. 우리는 게임 프레임을 채택함으로써 그냥 두면 마음의 상처가 될 수도 있었을 사건을 상당히 완화시킨 상태로 받아들일 수 있다. 따라서 우리가 이 프레임을 더 자주 사용하지 않는다면 그게 더 놀랄 일이다.

작가인 진 리들로프(Jean Liedloff)는 게임 프레임의 힘을 멋지게 증명하는 한 가지 일화를 전해준다. 한창 젊을 때 그녀는 두 이탈리아 남자에게 베네수엘라로 다이아몬드 채집을 하러 가자는 권유를 받았다. 멋진 모험이 될 것으로 생각한 그녀는 권유를 받아들였다. 그들은 여러 명의 남아메리카 원주민들을 일꾼으로 고용했고 여행에 쓸 무겁고 성가신 쪽배 한 척을 마련했다.

여행 도중 어쩌다 그들은 열대의 태양 아래서 울퉁불퉁한 바위들 위로 쪽배를 들어서 옮겨야 했했다. 모두가 살이 베이고, 멍들고, 태양이 잔뜩 달구어놓은 바위에 데기도 했다. 하지만 그렇게 운반을 하는 과정에서 그녀는 이탈리아인들이 긁히고 부딪힐 때마다 매번 그것을 좌절로 여기고 욕설로 반응한 반면, 원주민 일꾼들은 그 경험을 하나의 게임처럼 여기고 있다는 사실을 알아챘다. 쪽배가 예기치 않게 기우뚱거리기라도 하면 그들은 환히 웃었다. 쪽배 때문에 뜨겁게 달궈진 바위에 쿡쿡 찔리는 것이 그들에게는 불평불만의 핑계거리가 아니라 더 많은 웃음의 원천이 되었다. 다음은 이 일화에 대한 그녀의 설명이다.

> 모두가 같은 작업을 하고 있었다. 모두가 압박과 고통을 경험하고 있었다. 우리가 처한 상황은 누구에게도 차이가 없었다. 단, 우리의 문화가 이런 상황들의 조합은 행복 척도 상에서 당연히 밑바닥을 차지한다고 우리를 세뇌시켜 놓았기 때문에 우리는 이런 문제에도 선택지가 있다는 사실을 전혀 알아채지 못한다는 점만 빼고. 반면에 원주민들은 무언가를 의식적으로 선택한 것은 아니라는 처지는 같았지만 마음껏 동료애를 즐기면서 유난히 더 흥겨워하고 있었다. 그리고 당연히 그들은 지난 며칠간의 고생이 수포로 돌아갈 수 있다는 두려움을 마음에 오랫동안 담아두지 않았다. 매번 앞으로 나아가는 것이 그들에게는 작은 승리였다.[13]

그녀는 원주민들과 합세하여 지금의 고초를 게임 프레임에 집어넣기로 결심했고 덕분에 나머지 여행이 훨씬 더 수월해졌다는 사실을 깨달았다. 우리는 좌절을 게임의 구성 요소로 프레이밍함으로써 좌절로 인한 정서적 충격을 상당히 감소시킬 수 있다. 그리고 문제의 그 게임이 꼭 럭비처럼 정식 게임일 필요도 없다. 원주민들의 카누 게임처럼 즉흥 게임이어도 무방하다.

스토아의 시험 프레임: 우리가 고려할 마지막 프레임은 게임 같은 요소를 갖고 있다. 스토아주의자들은 좌절에 직면했을 때, 가상의 스토아 신들이 우리의 안녕을 염두에 두고 우리를 시험한다는 상상을 하라고 했다. 이 시험을 통과해서 게임에서 이기려면 우리는 좌절을 극복할 해결 방안을 찾는 동안 평온을 유지해야 한다. 확실히 이것은 공상적인 프레임이지만 꽤 유용하다.

고대 스토아주의자들은 우리가 어떤 좌절을 경험할지 자기 마음대로 선택할 수야 없지만, 그 좌절을 어떤 프레임에 넣느냐 하는 문제에는 우리에게 제법 선택권이 있다는 것을 알았다. 따라서 좌절이 우리에게 어떤 영향을 미치느냐 하는 문제에도 우리는 상당한 통제력을 가질 수 있다. 사람들은 대개 좌절을 성가신 사건으로, 더 나쁘게는 부당한 생고생으로 여긴다. 결과적으로 그들은 실망하거나 분노하는 방식으로 좌절에 대응한다. 우리는 다른 프레임을 선택함으로써 좌절 앞에서 냉철함을 유지하고, 최적의 해결 방안을 찾아낼 가능성을 높일 수 있다. 그뿐 아니라 스토아의 시험 프레임을 활용함으로써 우리는 좌절을 흥미로운 도전으로 해석할 수 있고, 그럼으로써 좌절에 대처하면서 일정 정도의 만족감도 이끌어낼 수가 있다. 이것이 놀라운 소리로 들리리란 걸 알지만 어쨌든 사실이다. 그러면 이제 스토아의 시험 전략을 조금 더 면밀히 살펴보도록 하자.

3부

일상의 평화를 누리기

The
Stoic
Challenge

다른 사람 마음속에서
무슨 일이 일어나고 있는지 몰라
불행해지는 경우는 거의 없다.
그러나
자기 마음의 움직임을 모르는 사람은
반드시 불행해질 것이다.

마르쿠스 아우렐리우스

8장

부정적 감정에
예방주사 놓기

좌절에 대한 해결 방안을 찾아야 한다는 명백한 도전 말고도 우리는 두 번째 도전에도 직면한다. 즉, 그런 좌절의 여파로 부정적 감정을 경험하는 일을 방지해야 한다는 것이다. 많은 이들이 이 두 번째 도전을 간과한다. 좌절을 겪은 후에 감정을 통제하는 문제는 자기 능력 밖의 일이라고 생각하기 쉽기 때문이다. 그렇다. 사람들은 당황하거나, 분노하거나, 우울해한다. 하지만 그냥 그렇게 되어버리는걸 어쩌란 말인가, 그렇지 않은가?

이런 태도는 여러 가지 이유에서 유감이다. 좌절에 대응해 분노한다면 우리가 이전까지 느끼고 있던 평온은 산산이 부서질 것이다. 그것은 또한 우리의 사유를 무디게 해 의식이 해결 방안을 찾아내는 일을 방해할 것이다. 결과적으로 우리는 아마도 최선에 못 미치는 해결 방안을 선택하는 신세가 될 것이다.

교통 체증에 걸려 꽉 막힌 도로에 갇혀 있는 두 명의 운전자를 생각해 보라. 한 명은 화를 낸다. 다른 운전자들을 저주하고, 아내에게 전화를 걸어 자기가 지금 얼마나 화가 나 있는지 투덜댄다. 그러면 아내 역시 마음이 불편해질 가능성이 꽤 높다. 드디어 직장에 도착하면 그는 동료들을 거친 태도로 대할 것이고 그들 역시 나쁜 태도로 반응할지 모른다.

대조적으로 다른 한 명의 운전자는 자기가 뭘 해도 지금 교통의 흐름이 더 빨라지지는 않는다는 사실을 신속히 깨닫는다. 따라서 그는 꽉 막힌 도로에는 관심을 끄고 지금의 교통 체증이 자기에게 제공하는 기회를 떠올려 본다. 자동차가 움직이지 않고 서 있을 때 그는 전자우편을 확인한다. 새로 올라온 가장 좋아하는 팟캐스트의 에피소드를 찾아 듣는다. 목적지에 도착했을 때 비록 늦었지만 기분은 좋다. 교통 사정이 어땠냐고 누가 묻는다면 아마도 아무런 극적인 과장 없이 사실대로 아주 꽉 막혔었다고 대답할 것이다. 이 운전자에게 교통 체증은 그의 하루라는 옷감에 접힌 작은 주름 하나에 지나지 않을 것이다.

집의 수도관이 파열되는 시련에 직면하고 있다고 상상해 보라. 그 결과 아침에 샤워할, 또는 커피 끓일 물이 없을 수도 있다. 하지만 깨진 관 자체는 비교적 수리하기 쉽다. 배관공이 와서 수리하는 데는 대략 20분 정도, 손재주 좋은 집주인이 사람을 쓰지 않고 직접 나선다면 공구 상점에 다녀오는 시간까지 포함해서 몇 시간 정도 걸릴 것이다.

하지만 수도관이 파열되었을 때, 망가진 관은 우리에게 닥친 여러 문제 중 하나일 뿐이다. 정말로 원하는 곳에 물을 쓰지 못한다는 문제 말고도, 정작 원하지 않는 곳에 물이 넘치게 되는 더 큰 문제가 있다. 이 원치 않는 물은 여러 방으로 넘쳐흘러 갈 수 있고, 만약 그 망가진 수도관이 2층에 있었다면 아래층 천장을 내려앉게 할 수도 있다. 물이 넘치는 문제는 수도관 파열 자체보다 훨씬 더 심각하다. 결과적으로 수도관이 파열되었을 때 우리가 제일 먼저 해야 할 조치는 관을 고치거나 밖에 나가 물을 사다가 모닝커피를 끓여 마시는 것이 아니라, 수도 밸브를 닫아서 온 집안이 물에 잠기지 않게 막는 것이다.

유사한 맥락에서, 우리는 좌절을 겪을 때 하나가 아니라 두 개의 도전에 직면하게 되며 보통은 두 번째 도전이(부정적 감정의 범람을 막는 일) 첫 번째 도전보다 더 결정적이다. 이 정서적 도전은 시간이나 인과관계의 측면에서 볼 때는 이차적일 수 있지만 우리에게 미치는 파급 효과의 측면에서 본다면 더 큰 문제다. 대개는 감정이 우리에게 입히는 피해가(만일 우리가 감정의 발현을 그냥 방치한다면)

좌절을 겪을 때 치러야 할 비용 중에서 가장 크다. 분별 있는 사람이라면 이를 깨달을 것이며, 그런 사람이 좌절을 겪을 때의 첫 반응은 부정적 감정들의 습격을 차단하는 데 필요한 조치들을 취하는 일일 것이다. 주목할 점은 이것이다. 나는 그 사람이 그런 감정들을 봉인할 수 있는 방법을 찾게 될 것이라고 말하지 않았다. 왜냐하면 그 사람은 아예 그런 감정이 생겨나지 못하게 할 것이고 그러므로 봉인해야 할 부정적 감정은 아예 처음부터 존재하지 않을 것이기 때문이다.

정의로운 분노는 해도 괜찮을까?

이제 많은 독자들이 교통 체증에 걸려서 옴짝달싹 못할 때 화를 내는 것은 어리석은 짓임을 인정할 것이다. 이런 분노는 우리가 처한 상황에 어떤 영향도 미치지 못하면서 그저 우리를 망가뜨리기만 할 뿐이다. 하지만 분노의 표출이 허용될 뿐만 아니라 권장할 만한 것이기까지 한 경우도 있지 않은가?

다소 놀랍지만 세네카도 그런 경우가 있다는 것에 동의한다. 우리가 '나태한 마음'을 지닌 어떤 사람을 상대한다고 가정해 보라. 그 사람은 무언가를 요청할 때(심지어 완벽하게 정당한 부탁임에도 불구하고) 분노의 기색을 드러내지 않으면 일체 반응을 보이지 않는다. 세네카는 이런 사람의 철면피 같은 행동에 화를 내며 대응하는 것은 이해할 만하다고 말한다. 하지만 그에게는 더 좋은 생각이 있다. 위장 분노로 대응하는 것이다.[1] 그렇게 하는 것이 실제로 화를 내서 치러야 할 정서적 대가 없이 희망하는 결과를 성취할 가능성을 높일 것이다.

분노를 느끼도록 내버려 두어야 한다고 주장할 수 있을 법한 또 다른 경우는 중대한 불의가 발생했을 때이다. 이런 경우에 우리가 느끼는 분노는 매우 특별한 종류인 소위 정의로운 분노일 것이다. 어떤 상황 하에서 누군가가 정의로운 분노를 느끼지 못하는 것은 실제로 그 사람의 도덕적 품성에 결함이 있다는 증거로 받아들여질 수 있다.

역사를 되돌아보면 우리의 가슴을 분노로 가득 채우지 않고도 전력을 다해 불의에 맞서 싸우는 일이 얼마든지 가능하다는 사실을 발견하게 된다. 예를 들어 마하트마 간디를 떠올려 보라. 그는 영국 통치자들이 인도인들에게 가하는 부당한 대우뿐만 아니라, 특권 계급의 인도인들이 불가촉천민을 부당하게 학대하는 것에도 맞서 싸웠고, 그럴 때마다 그는 단호히 평화로운 투쟁 방식을 채택했다. 또한 간디를 존경했던 마틴 루서 킹의 경우도 한 번 생각해 보라. 그는 인종주의라는 불의와 맞서 싸웠다. 킹이 열정적인 연설을 종종 했음에도 불구하고, 그가 화난 사람처럼 보이지는 않는다. 그렇다, 그도 여느 사람처럼 순간적인 분노를 느낄 수 있었지만 분명히 그 분노를 잠재우기 위해 최선을 다했던 것이다.

《나에게는 꿈이 있습니다》에서 킹은 1955년에 앨라배마 주 몽고메리에서 벌어진 소위 '몽고메리 버스 보이콧' 운동에서 자신이 어떤 역할을 했는지 이야기한다. 문제의 보이콧 운동은 백인에게 자리 양보를 거부한 로자 파크스(Rosa Parks)를 경찰이 체포하면서 촉발되었다. 버스의 백인 전용 좌석은 만석이었고, 버스의 규칙은 필요에 따라 버스 기사가 백인 전용 구역을 즉석에서 확대하여 나중에 승차한 백인들이 자리에 앉아서 갈 수 있도록 되어 있었다. 설령 그로 인해 흑인들이 원래 앉았던 자리를 빼앗기게 되더라도 상관없었다. 더군다나 백인 전용 좌석은 한 번에 한 자리씩 확대되는 것이 아니라 한 줄씩 확대되는 식이었다. 부분적인 이유는 백인이 같은 줄에 흑인과 함께 앉게 되는 '모욕적'인 일이 생기지 않게 하려는 것이었다. 파크스와 세 명의 다른 흑인들은 백인 전용 구역 바로 뒷줄에 앉아 있었는데, 그들 모두 훨씬 더 뒤의 유색 인종 구역으로 이동하라는 기사의 말을 들었다. 다른 세 명의 흑인들은 요구에 순순히 따랐지만 파크스는 거부했고 그래서 버스 기사가 그녀를 신고했던 것이다.

흑인 공동체는 격분했고 몽고메리 시의 버스를 보이콧하기로 결정했다. 킹이 협상단 대표로 선발되었다. 그는 이 역할을 맡으면서 한편으로는 백인 인종주의자들을, 다른 한편으로는 격분한 흑인들을 상대해야 했다. 그는 곧 양측 사람들 모두에게 화를 내기 시작했지만 그렇게 한 것을 금방 후회했다.

나는 이것이 문제 해결의 길이 전혀 아니라는 사실을 알았다. '마음에 분노를 품어서는 안 된다.' 나는 스스로를 타일렀다. '상대방의 분노를 기꺼이 참아내야 하며 분노를 되갚아서는 더욱 안 된다. 원한을 품어서도 안 된다. 상대방이 아무리 감정적으로 나오더라도 나는 침착해야 한다.'[2]

오늘날 사회개혁운동에 참여하는 많은 이들이 분노를 열정과 동일시한다. 그들은 불의에 진정으로 관심이 있는 사람은 분노하게 되어 있다고 말한다. 심지어 그들은 분노가 우리에게 동기를 부여하며, 공개적으로 표출된 정의로운 분노는 우리가 설득하려는 사람들의 이목을 끌기 때문에 정의를 위한 투쟁의 효과적인 도구라고 설명하기까지 한다.

이 말이 옳을 수도 있다. 하지만 스토아주의자들이 잘 알고 있었듯이 분노는 양날의 검이다. 분노는 동기를 부여하기도 하지만 우리의 기력을 소진시키기도 하며, 그 바람에 전투에서 승리하기도 전에 에너지가 바닥날 수도 있다. 더군다나 우리가 표출하는 분노는 종종 해당 쟁점의 반대편에 있는 사람들의 분노를 촉발시킨다. 그들은 더 강경한 입장을 취하게 되고 그로 인해 타협의 가능성은 더 줄어든다. 우리는 설령 변화가 생겨도 점진적으로 진행될 가능성이 높은 세계에서 살고 있으며, 이는 곧 정의로운 분노 때문에 해당 쟁점과 관련된 진보가 오히려 지체될 수도 있음을 의미한다. 마지막으로 우리는 분노가 우리의 판단을 무디게 할 수 있다는 것을 안다. 그로 인해 우리는 어리석은 짓들을 하게 되고 가능한 해결 방안들에 눈을 감게 되기도 한다.

많은 사회개혁가들은 어떤 쟁점에 관해 너무 격한 감정을 느낀 나머지 목표 달성을 위해 개인적인 희생까지도 마다하지 않는다. 그들은 분노를 허용함으로써 분명히 스스로를 희생시키는 셈이다. 내가 말했듯이, 분노란 즐거움과는 양립할 수 없다. 덜 분명한 것은 이렇게 희생을 감수하는 것이 과연 목표 달성에 도움이 되느냐는 점이다. 어쩌면 역효과가 날 수도 있다. 따라서 사회개혁가들은 변화를 이끌어내기 위해 열정적으로 노력하면서도 침착성을 유지하는 간디와 킹의 발자취를 따르는 것이 현명할 것이다.

슬픔의 다섯 단계는 틀렸다

좌절에 대한 반응으로서 분노에 관한 문제는 이 정도로 하자. 슬픔은 어떤가? 가까운 사람이 죽었을 때 슬퍼하는 것은 자연스러운 반응이다. 더군다나 엘리자베스 퀴블러 로스에 따르면 슬픔은 개인적 상실에 대한 반응이며 심리적으로 적합한 감정이다. 그녀는 우리가 슬픔을 억누른다면 미래에 심각한 정신적 고통을 겪을 수 있는 확률이 높아질 것이라고 말한다.

퀴블러 로스의 슬픔 이론에는 여러 반론이 있었다. 한 가지 사례를 들자면, 심리학자 로버트 J. 카스텐바움(Robert J. Kastenbaum)은 그 이론을 뒷받침하는 경험적 자료가 충분하지 않다고 주장했다.[3] 더군다나 퀴블러 로스가 슬픔에 다섯 단계가 존재한다는 사실을 입증했다 하더라도, 그 단계들을 차례로 겪어나가기 위해 노력하는 것이 과연 슬픔에 대처하는 최선의 방법인지에 관한 의문은 그대로 남는다.

컬럼비아 대학교 임상심리학과의 조지 보낸노(George Bonanno) 교수는 우리는 퀴블러 로스가 믿으라고 한 것보다 훨씬 더 큰 회복 탄력성을 지니고 있으며, 따라서 많은 심리학자들이 권장하는 (그리고 그들의 생계를 유지하게 해주는) 슬픔에 대한 심리상담을 받아야 할 필요성이 그들이 생각하는 것보다 훨씬 적다고 주장한다. 실제로 그의 연구는 그냥 혼자 있게 내버려 둔 대부분의 사람들은 인간 관계상의 상실에서 자연스럽게 회복하며, 오히려 심리 상담은 그들의 회복탄력성을 무심결에 손상시킴으로써 상황을 더 악화시킬 수 있음을 보여준다.[4]

사랑하는 이의 죽음을 생각해 보라. 세네카는 그에 따른 어느 정도의 슬픔은 적절하다고 인정했다. "자연은 우리에게 어느 정도의 비애를 요구한다." 하지만 그는 "그 이상은 허영이 낳은 결과"라고 덧붙인다.[5] 그는 슬픔을 공공연히 내비치는 우선적인 동기가 자신이 얼마나 예민하며 애정이 많은 사람인지를 세상에 과시하려는 데 있는 사람들을 염두에 두고 말한 것이다. 스토아주의자들은 또한 누군가의 죽음 이후에 어떤 사람이 느끼는 비탄이 슬픔보다는 죄책감 때문에 더 유발되는 경우도 있다는 사실을 잘 알고 있었다. 한 남편이 아내가 살아 있을 때 아내의 존재를 그냥 당연시하다가 남편으로서 마땅히 했어야 할 많은 일들을 제대로 하지 못하고 결국 아내를 떠나보낸 상황을 상상해 보라. 아내가 세상을 떠난 후 남편은 더 이상 잘못을 만회할 길이 없게 되었으니 이런 생각이 그를 가슴 아프게 하는 것이다.

우리는 사랑하는 사람들과 영원히 함께 있을 수는 없다. 최소한 우리는 자신의 죽음 때문에라도 친구들의 곁을 떠나야 한다. 따라서 스토아주의자들은 내가 사랑하는 저 사람들이 내 삶의 일부라는 사실이 얼마나 멋진 일인지를 수시로 스스로에게 일깨우는 것이 중요하다고 알려준다. 무슨 일이 벌어져 우리의 벗을 앗아갈 수도 있었지만 그렇게 되지 않았다. 우리는 행운아가 아닌가?

스토아주의자들은 이런 종류의 '죽음 명상(mortality meditation)'을 실천하라고 말한다. 그러면 사랑하는 사람들이 아직 살아 있는 동안 우리는 그들의 존재에 감사하는 마음을 품게 될 것이며, 이는 곧 우리의 사랑이 그들의 삶에 변화를 일으킬 수 있음을 의미한다. 따라서 우리는 그들이 더 이상 우리와 함께 있지 못하더라도 그들과의 이별을 덜 슬퍼할 수 있을 것이다. 특히 그들이 살아 있을 때 우리가 할 수 있었고 또한 했어야만 했던 일들 때문에 후회하는 일도 없을 것이다. 왜냐하면 우리는 아마도 그 일을 이미 했을 테니 말이다. 이런 명상은 불길하다기보다 인생을 깊은 차원에서 긍정하고자 하는 연습임을 분명히 알아야 한다.

스토아주의자들에게 퀴블러 로스가 제시한 슬픔의 다섯 단계 목록을 보여준다면 그들은 처음 네 단계, 즉 부정, 분노, 타협, 우울을 건너뛰어서 곧장 다섯 번째 단계인 수용으로 갈 것이다. 그들은 죽은 자들을 되살려내는 것은 우리 능력 밖의 일이므로 그들의 죽음을 과도하게 슬퍼하는 것은 시간 낭비라고 덧붙일 것이다. 가능한 한 우리는 그들의 죽음을 그저 받아들여야 하며 그렇게 삶을 계속 살아가야 한다.

9장

좌절은
나를 위한 시험이다

앞서 보았듯이 사건에 대한 우리의 해석은 그림을 액자에 집어 넣는 것과 비슷하다. 렘브란트의 그림을 어떤 한 액자에 집어넣어 보면 그림이 기괴하게 보일 수 있다. 액자를 다른 것으로 교체해 보면 그림이 숭고해 보일 것이다. 동일한 이치가 우리가 경험하는 좌절에도 적용된다. 좌절을 어떤 한 심리적 프레임에 집어넣어 보라. 그러면 화가 날 것이다. 이번엔 다른 프레임에 집어넣어 보라. 그러면 매우 놀랍게도 우리가 그런 좌절을 상대하면서 그 상황을 즐기고 있다는 사실을 발견할 수도 있다.

앞서 또 보았듯이 우리가 좌절에 부딪힐 때는 잠재의식이 행동에 나선다. 잠재의식은 좌절에 씌울 프레임을 제공해서 지금 벌어지고 있는 사태를 이해하고자 노력한다. 그러나 선택할 수 있는 수많은 프레임이 있음에도, 잠재의식은 비난 프레임을 선호하는 경향이 있다. 우리가 나쁜 일을 당했고, 다른 사람이 그런 짓을 저질렀다고 넘겨짚는 것이다. 이 프레임은 우리에게 분노를 유발하고, 결국 우리가 그 좌절에 대처하기란 더 어려워진다.

스토아주의자들은 좌절을 겪을 때는 반드시 의식적으로 그 상황을 일종의 시험으로 프레이밍할 것을 권장한다. 우리가 실망하면 낮은 점수를 얻을 것이다. 분노하거나 의기소침하면, 심지어 희생자를 자처하면 낙제할 것이다. 가장 바람직한 상태에서는 좌절이 우리 마음속에 부정적 감정들을 발생시키지 않을 것이다. 이것은 우리가 마음의 고통을 성공적으로 봉인하고 있어서가 아니라, 봉인해야 할 마음의 고통이 없기 때문이다.

만약에 역경이 없었더라면

스토아의 시험 전략을 더 자세히 탐구해 보자. 좌절을 하나의 시험으로 대하라는 발상은 명백한 의문을 불러일으킨다. 이 시험은 누가 혹은 어디서 관리하는가? 세네카는 '신'이 그 배후에 있다고 제안했다. 하지만 이 제안을 분석하기 전에, 나는 먼저 로마 시대의 신 개념은 현대 기독교에서 말하는 신의 개념과는 사뭇 다르다는 것을 설명해야겠다. 일단 로마인들에게는 신이 한 명이 아니었다. 그들에게는 여러 신이 있었으며 그중 우두머리 신인 유피테르(Jupiter)는 기독교의 하느님과는 아주 많이 달랐다. 대표적인 사례를 살펴보자. 그 당시 유부남 신이었던 유피테르는 황소의 형상으로 가장하여 여신 에우로페(Europe)를 유혹했다(아니, 강간했다고 하는 것이 맞겠다). 이런 일은 기독교의 하느님이라면 감히 꿈도 꾸지 않았을 일이다.

세네카에 따르면 신은(유피테르를 생각하라) 벌을 주기 위해서가 아니라 무언가 용기 있는 일을 할 수 있는 기회를 주기 위해서 우리를 좌절시키며, 그럼으로써 우리가 '가능한 최고의 탁월성'을 성취할 수 있는 기회를 높인다. 세네카는 이렇게 설명한다.

신은 그의 승인과 사랑을 얻은 사람들을 단련하고, 검열하고, 훈계한다. 그러나 그가 좋아하는 사람들, 그가 특히나 소중히 아끼는 사람들에 관한 한, 그는 장차 닥쳐 올 불운에 그들이 매끄럽게 대처하도록 늘 챙기고 있다. 만약 어떤 이가 질병에서 면제되었다고 생각한다면 잘못이다. 여러 해 동안 행복의 맛을 보아온 사람은 언젠가는 자기 몫을 받게 되리라. 그런 것들로부터 이미 해방된 듯 보이는 사람은 단지 유예를 허락받은 것뿐이다.[1]

따라서 만약 좌절을 만난다면 오히려 우쭐해져야 한다. 그것은 우리가 신의 관심을 받고 있다는 역설적인 증거이자, 실제로 신이 우리를 인간적 탁월성을 성취할 수 있는 후보자로 간주한다는 증거이다. 세네카는 "인간이 자기인식을 얻고자 한다면 시험을 치러야 할 필요가 있다"는 것과 "시험을 받아봐야 비로소 자기가 무슨 능력을 갖고 있는지 배운다"는 것을 신이 잘 알고 있다고 말한다.[2]

세네카는 신이 우리를 좌절시킨 이유들을 제대로 인식하도록 여러 가지의 비유를 들었다.[3] 신은 "좋은 사람, 이를테면 가장 아끼는 노예 같은 이에게 실컷 먹이지 않는" 로마의 가장(家長)을 닮았다고 말한다. "그는 그를 시험에 들게 하고, 그를 단련시키고, 그가 언제든 봉사할 준비를 갖추게 한다." 세네카의 신은 "자녀에게 각자가 공부를 계속 이어가도록 아침 일찍 일어나라고 명령하고, 심지어 휴일에도 게으름을 허용하지 않으며, 자녀에게서 땀과 때로는 눈물까지 쥐어짜내는" 엄격한 아버지와 닮았다. 이 아버지 같은 신은 자녀들이 "고난과 괴로움과 상실의 고통을 알게 됨으로써 참된 힘을 획득하기를" 원한다. 그는 병사에게 위험한 임무를 시키는 군대의 장군과 닮았다. 용감한 병사라면 장군이 자기에게 나쁜 패를 주었다고 생각하지 않을 것이다. 오히려 그는 장군이 자기를 그 임무를 충분히 성취할 수 있는 용감하고 대담한 사람으로 평가했다고 여길 것이다. 그것은 어쨌든 호감의 표시이다. 또한 신은 "더 구체적인 희망을 품는 이들에게 더 큰 노력을" 요구하는 교사와 닮았다.

에픽테토스는 신의 목표에 대해 세네카와 생각을 같이한다. 《담화록》의 한 대목에서 그는 어째서 인간이 좌절을 겪는지 설명해주는 신과의 대화를 상상한다.

> 에픽테토스여, 할 수만 있었다면 나(신)는 그대의 볼품없는 신체와 하찮은 소유물들이 자유롭고 어떤 방해도 받지 않도록 보장했을 걸세. 그러나 만물이 그러하듯이, 그대는 그 몸이 진정으로 그대 자신의 것이 아니며, 교묘하게 형상을 입힌 찰흙에 지나지 않는다는 사실을 잊어서는 안 되네. 그러나 그렇게 놓아둘 수는 없었으니 나는 그대에게 내 자신의 일정 부분을 주었다네. 행하거나 행하지 않을 동기부여의 능력, 욕망과 혐오의 능력을 말일세. 그것은 한마디로 인상들을 적절히 사용하는 힘일세. 만약 그대가 이 능력에 많은 주의를 기울이고, 이 능력을 보관하는 데 그대가 가진 모든 것을 쏟아붓는다면, 그대는 결코 방해받지 않으며 그대를 가로막는 것도 없을 걸세. 그리고 그대는 결코 고통에 신음하지도 결코 잘못을 찾아내려 하지도 않을 것이며, 그 누구에게도 일절 아첨하지 않을 걸세.[4]

다시 말해서 우리 인간은 혼성적인 피조물이다. 반은 신이고 반은 동물인 것이다. 추리하는 능력을 지닌 우리의 의식은 신적인 구성 요소이며, 잠재의식과 감정은 우리의 동물적인 구성 요소이다. 에픽테토스는 우리에게 말한다. "인간이 결국 어떤 존재인지 드러내 보여주는 것이 바로 난관입니다. 그래서 난관에 부딪힐 때마다 신이 마치 체육관의 교관처럼 그대를 강인한 젊은 맞수와 맞붙게 한 것임을 기억하십시오." 그런데 신이 어째서 그런 일을 할까? "그래야 그대가 올림픽 우승자가 될 것이기 때문입니다. 그건 땀을 흘리지 않고서는 성취할 수 없지요."[5]

한편 세네카 또한 스토아의 시험에 어떤 취지가 있는지 설명하기 위해 운동선수들을 언급한다. "우리는 […] 오로지 가장 강한 맞수들하고만 시합을 붙는 레슬링 선수들을 봅니다. 그런 선수들은 한 판 승부를 겨루려면 모든 힘을 써야 할 정도로 강한 상대를 원합니다. 그들은 타격과 상처 앞에 스스로를 노출시킵니다. 적수가 될 만한 한 사람을 찾지 못한다면, 그들은 한 번에 여러 명을 상대합니다."[6] 그들은 "역경이 없다면 탁월함은 시들어버린다"[7]는 진리를 알고 있었던 것이다.

무신론자를 위한 시험 활용법

유피테르의 존재를 믿지 않는 사람이라면 어떻게 스토아의 시험 프레임을 활용할 수 있을까? 이 시점에서 다소 신경이 쓰일지도 모른다. 기독교의 하느님이 존재한다고 믿는 사람에게는 손쉬운 해결책이 있다. 바로 그분이 우리를 더 강하게 만들기 위해, 우리의 성품을 계발하기 위해, 그리고 지금 사는 인생에 우리가 더 감사해 하도록 하려고 우리를 시험하는 중이라고 상상할 수 있는 것이다. 이런 것들은 애정 많은 아버지에게 기대할 법한 일들이며, 사람들은 기독교의 하느님이야말로 궁극의 사랑의 아버지라고들 말한다. 알라의 존재를 믿는 무슬림도 같은 방식으로 생각할 수 있다.

하지만 나처럼 유피테르나 기독교의 하느님이나 알라의 존재를 믿지 않는 사람들은 가상의 스토아 신들을 시험 출제자로 믿음으로써 여전히 스토아의 시험 전략을 활용할 수 있다. 그런 신들이 존재하지 않는다는 건 너무나도 잘 알고 있지만, 여전히 그들은 우리 인생에서 중요한 심리적 역할을 수행할 수 있다. 우리는 이런 존재자들을 끌어들임으로써 7장에서 설명한 이른바 프레이밍을 하고 있는 것이다. 즉, 우리가 겪는 좌절에 프레임을 씌워서 그 좌절에 대한 우리의 정서적 대응 방식을 근본적으로 바꾸는 것이다. 대부분의 사람들에게 좌절은 단지 불행한 사건일 뿐이다. 하지만 우리는 프레이밍을 분별 있게 활용함으로써 우리가 경험하는 좌절을 자기 변신의 수단으로 삼을 수 있다.

나에게 스토아의 신들은 편리한 허구이다. 부모라면 아마 그런 허구적인 존재를 만들어 낸 경험이 있을 것이다. 자녀가 어리고 성탄절이 다가올 때, 부모는 산타클로스를 소환하여 자녀의 행실을 바로잡는다. "고양이에게 못되게 굴면, 산타 할아버지가 선물 안 가져오신다." 이것은 아이들이 반응할 만한 자극이다. 마찬가지로 우리의 의식은 스토아의 시험 전략을 활용함으로써 경솔하기 짝이 없고 다소 유치하기까지 한 잠재의식의 행실을 바로잡을 수 있다. 이상한 소리로 들린다는 걸 나도 알지만 실제 효과가 있다.

아무리 가상이라 해도 신 같은 존재를 떠올리는 것 자체가 불편한 사람들은 이를테면 가상의 아버지, 장군, 교사, 코치 등이 주관하는 시험을 치를 수 있다. 우리가 선택한 가상의 시험 출제자가 누군지와는 상관없다. 요점은 좌절을 내 자신에게 도움이 되고자 치는 시험이라고 가정하는 것이다.

(가상의) 스토아 신들과 조우해본 결과 나는 그들의 본성을 파악하게 되었다. 우선 그들은 꽤나 강력하다. 그들은 내가 면도를 하다가 살을 베게 만들 수도 있고, 숲을 산책하다가 나무뿌리에 걸려 넘어지게 할 수도 있다. 공항에서는 내가 탈 항공편을 지연시키거나 아예 취소시킬 수도 있다. 실제로 내가 유달리 많은 좌절을 공항

에서 겪다 보니 스토아의 신들이 사는 곳이 혹시 공항이 아닌지 의심하기도 했다.

또한 스토아의 신들은 교통 체증을 일으키고 사람들에게 독감을 선사한다. 그들은 불편한 폭우와 파괴적인 지진을 일으킬 수 있을 정도로 강력한 힘을 갖고 있다. 그들은 또한 테크놀로지에도 몹시 익숙하다. 최근에 온라인으로 항공권을 찾아 헤매다가 마침 염가에 팔고 있는 항공권을 우연히 발견한 적이 있다. 그 항공권을 손에 넣기 위해 내 정보를 입력하는 데 1~2분 정도밖에 걸리지 않았는데, 스토아의 신들은 표 값을 한 장당 100달러씩 급등시키는 방식으로 인터넷에서 농간을 부렸다. 아마도 언젠가는 그들이 단지 내 마음을 심란하게 하고자 비슷한 액수로 가격을 급락시켜 나를 놀래킬 수도 있지 않을까?

나는 스토아의 신들이 장난기 많은 유머 감각의 소유자들이라는 사실을 발견했다. 그들은 내 휴대전화의 작동을 멈추게 하는 대신에(아마 마음만 먹으면 쉽게 할 수 있을 텐데), 실수로 내가 전화기를 레모네이드 잔에 빠뜨리게 해 같은 결과를 낳게 할 수도 있다. 그런 일들이 정말 벌어진다.

때때로 스토아의 신들은 내게 직접 좌절을 겪게 하지 않고 그저 자기들이 어떤 좌절을 야기할 수 있는지 암시하는 것만으로도 만족하기도 한다. 예를 들어, 최근 내가 차를 몰고 친구 집에 가고 있을 때였다. 자주 가본 적이 없던 곳이라 나는 휴대전화에 대고 길을 물었다. 휴대전화는 신속하게 경로를 알려 주었고 더불어 친구 집까지 1시간 4분 걸린다는 예측까지 해 주었다. 나는 이 계산이 옳을 리가 없다는 것을 알았다. 내 친구 집까지는 불과 몇 킬로미터밖에 안 되기 때문이었다. 그래서 휴대전화 창을 더 자세히 살펴보았더니, 내 휴대전화가 운전 경로가 아니라 도보 경로를 알려주었다는 사실을 발견했다. 스토아의 신들이 테크놀로지의 대가임을 말해주는 추가 증거이다.

나는 생각했다. 추운 겨울밤에 한 시간 넘게 걷는 것과 비교하면 안락함을 누리며 내 차로 목적지에 도달할 수 있다는 사실은 정말 멋지지 않은가? 나는 살면서 어떤 좌절을 겪을 수 있는지 새삼 떠올리게 도와 준 스토아의 신들에게 고마워하면서 밤길을 헤치며 차를 몰았다. 또 운전하는 동안, 내 음성 요청에 부응하여 도보로든 자동차로든 실질적으로 내가 원하는 곳 어디든지 도착할 수 있는 방법을 말로 알려주는 장치를 한 손에 들고 다니는 것이 얼마나 대단한 일인지도 새삼 되새겼다.

시험 셀프 평가 기준

스토아의 시험을 주관하는 신들이 점수를 매기지는 않는다. 따라서 점수는 우리 스스로 매겨야 하며, 평점과 관련해서는 두 가지 사항을 고려해야 한다. 첫 번째로, 좌절에 대한 해결 방안을 찾는 일을 어떻게 수행했는가 하는 점이다. 문제 해결을 위한 행동 방침을 정하기 전에 모든 선택지를 고려했는가? 그렇게 할 때 수평적 사고를 수행했는가? 즉 '창의적 대안'을 생각했는가? 그리고 최종으로 선택한 방안은 과연 최적인가?

그런데 최적의 방안이 반드시 유쾌한 방안이라는 법은 없다. 최적의 방안이라 함은 다만 선택 가능한 다른 방안들에 비해 가장 덜 불쾌할 뿐이다. 예를 들어 발을 절단하는 것은 유쾌하지 않은 일이지만 만약 그 발이 심하게 썩어 있는 상태라면 절단이 차선인 죽음보다는 더 선호할 만한 방안이다.

순서로는 두 번째지만, 우리의 성과에 점수를 매길 때 더 중요한 요소는 좌절에 대한 우리의 정서적 반응이다. 만약 우리가 차분하고 침착한 상태를 유지했다면, B 정도의 성적에 해당할 것이다. 하지만 A 혹은 A+를 받고자 한다면, 단지 차분함을 유지하는 것만으로는 부족하다. 이를테면, 좌절을 환영하고 심지어 좌절의 등장에 더 생기가 도는 정도가 되어야 할 것이다. 이런 측면에서 우리는 다년간 훈련을 받고 마침내 화재 현장에 투입된 소방관을 닮아야 할 필요가 있다. 지금이 마침내 자신의 진가를 보여줄 기회니까!

스토아 시험의 두 부분에서 각기 상이한 평점을 받을 수 있다는 점에 주목하라. 좌절에 대한 최적의 해결 방안을 찾는 측면에서는 히트를 칠 수 있지만 좌절을 겪는 과정에서는 망할 수도 있다. 이런 경우에 해결 방안 평점은 높겠지만 더 중요한 정서 반응 평점은 낮을 것이다. 혹은 최적에는 못 미치는 방안을 들고 나온 반면에 침착성을 유지했을 수도 있다. 이런 경우에는 해결 방안 평점은 낮겠지만 정서 반응 평점은 높을 것이다. 하지만 대개는 아마도 정서 반응 평점이 낮을수록 해결 방안 평점도 낮을 것이다. 화를 내거나 슬퍼하거나 의기소침한다면, 명료하게 생각해서 최적의 방안을 찾아내기가 어렵기 때문이다.

다음 장으로 넘어가기 전에, 독자들도 최근에 어떤 좌절을 겪었는지 잠깐 생각해 보라. 혹은 1장에서 소개했던 좌절 일지를 작성하기 시작한 독자라면 거기에 적어둔 좌절을 한 번 훑어보라. 그런 좌절에 대한 자신의 반응에 어떤 점수를 주겠는가? 그 평점에 만족하는가? 그렇지 않다면 장차 좌절을 겪을 때 자신의 평점을 올리기 위해 어떤 노력을 할 수 있겠는가?

10장

좌절 직후
5초가 중요하다

앞서 봤듯이 수도관이 터졌을 때 가장 먼저 할 일은 수도 밸브를 잠그는 것이다. 그리고 나서 이제부터 넘친 물로 엉망이 된 집 안을 청소하고, 수도관을 고치고, 커피 끓일 물을 어디서 구할지 궁리해야 한다. 수도 밸브는 빨리 잠그면 잠글수록 더 좋다.

이와 비슷하게 우리가 좌절을 겪을 때 가장 먼저 취해야 할 조치는(수도관 파열과 무관한 경우들까지 전부 포함하여) 부정적 감정들의 범람을 막는 일이어야 한다. 그런 감정들을 느끼면 결국 좌절을 극복할 최적의 해결 방안을 찾아내 실행에 옮기는 일이 훨씬 더 어려워진다. 또한 이런 감정들이 한 번 분출되면 좌절 자체보다 우리에게 더 큰 피해를 입힐 수 있다.

스토아의 시험 전략을 성공적으로 이행하는 열쇠는 재빠른 행동이다. 프롤로그에서 나는 취소된 항공기 운항에 대한 내 반응을 소개했다. 그날 밤 내 집 침대에서 잠들기는 글렀다는 사실을 깨닫자마자 나는 곧장 스토아의 시험 전략을 소환했다. 만약 그 일에 조금이라도 게으름을 피웠다간 아마도 내 잠재의식이 그 사건에다 부당한 시련이라는 프레임을 씌웠을 것이고, 부정적 감정들이 촉발되었을 것이며, 분명히 나는 그날 밤은 물론 그 다음 날 낮까지도 분노와 실망을 느끼며 보냈을 것이다. 나는 이 사건을 신속하게 시험이라는 프레임에 집어넣음으로써 이 좌절을 극복할 최선의 해결 방안을 찾고 실행하는 데 내 생각과 에너지를 집중할 수 있었다. 더욱 중요한 것은 좌절을 겪고 있는 중임에도 나는 평정심을 유지할 수 있었다는 것이다.

대부분의 사람들은 상투적인 '5초의 법칙'에 익숙하다. 이 법칙은 음식이 바닥에 떨어졌을 때 5초 안에 집기만 하면 먹어도 안전하다고 말한다(그런데 이 규칙의 신뢰성은 그 어떤 공인된 의료 기관에서도 확인된 바가 없다). 스토아의 시험 전략을 채택하고 있는 사람들도 비슷한 맥락에서 다음과 같은 법칙을 생각해볼 수 있다. 무언가 좌절을 당했을 때 5초 이내에 그 사건을 스토아의 시험이라고 선언하는 것이다.

나도 여러 해 동안 스토아의 시험 전략을 활용했지만 좌절을 겪을 때 불쑥 욕을 하는 경우가 아직도 종종 있다. 의사가 작은 망치로 무릎을 톡톡 치면 자동적으로 무릎이 펴지듯, 이런 감정의 분출은 자동반사적인 것으로 보인다. 다행히도 그렇게 내가 불쑥 말을 내뱉는다고 해서 뒤이어 스토아의 시험 전략을 성공적으로 채택할 수 없게 되지는 않는다. 지체 없이 채택하기만 하면 문제가 안 된다. 게다가 분명히 해두자면, 나는 스토아의 시험을 자주 치를수록 좌절에 곧바로 따라오던 나의 언어적 격발 빈도가 줄어든다는 사실도 발견했다. 아마도 스토아적인 발전의 징표가 아닐까?

토마스 제퍼슨(Thomas Jefferson)은 독립선언문 이외에도 오늘날 〈훌륭한 인생을 살기 위한 열 가지 규칙(Ten Rules for a Good Life)〉이라고 알려진 글을 썼다. 한 가지 규칙은 누군가가 우리를 화나게 할 때 먼저 입을 열기 전에 10까지 수를 세라는 것이다. 아주 화가 많이 난 상태라면 100까지 세어야 한다. 화가 났을 때 10까지 수를 세면 그 사이에 우리의 분노가 충분히 가라앉아서 드디어 입을 열고 이야기를 꺼낼 때 나중에 후회할 만한 말을 불쑥 내뱉지 않게 된다. 그런데 10까지 수를 세는 데 약 5초의 시간이 걸린다는 점에 주목하라.

하지만 제퍼슨의 10까지 숫자 세기 규칙과 나의 스토아 시험 전략의 5초 규칙 사이에는 중요한 차이가 있다. 제퍼슨의 규칙은 우리가 화가 날 때 무엇을 해야 하는지 말해준다. 따라서 그의 조언은

긴급피해 대책에 관한 것이다. 대조적으로 5초 규칙은 애초에 분노가 생겨나는 것을 방지하기 위해 만들어졌다. 다른 말로 하면, 제퍼슨은 분노 관리에 관심이 있었다면 스토아주의자들은 분노 예방에 관심이 있었던 것이다.

인간의 뇌라는 구닥다리 컴퓨터 해킹하기

우리의 광대한 족보를 5억 년 거슬러 올라가면,[1] 우리는 여러 가지 신체 기능을 통제하고, 외부 세계를 감지하고, 그런 감각 자극에 반사적으로 반응하는 것밖에 못하는 아주 단순한 뇌를 가진 조상들을 발견할 것이다. 거기서 2억 5천만 년으로 내려오면 좋은 느낌을 주는 몇몇 신체 경험들(음식을 먹거나 성교를 하는 등의)과 나쁜 느낌을 주는 다른 몇몇 신체 경험들(베이거나 데는 것 같은)을 인식하는 대뇌 변연계를 가진 동물들을 발견할 것이다. 이런 식으로 행동에 따른 인센티브가 주어짐으로써 이 동물들은 단순히 반사적으로 행동하는 수준을 넘어서게 되었다. 이 동물들은 좋은 느낌을 준 일들은 하고, 나쁜 느낌을 준 일들은 피하는 노력을 기울일 수 있었을 것이다.

오르가슴이 어떻게 가능한지 궁금해한 적이 있는가? 그 이유는 오르가슴을 느낄 수 있는 동물이 짝짓기를 할 가능성이 더 컸고 그럼으로써 짝짓기를 하지 못한 동물보다 후손을 얻을 가능성이 더 컸기 때문이다. 마찬가지로 어째서 오랫동안 아무것도 먹지 않고 있으면 불쾌한 허기를 느끼고, 뭔가를 먹을 때는 기분이 좋은지 궁금해한 적이 있는가? 그 이유는 그런 느낌을 느끼는 동물이 계속 영양을 공급받을 가능성이 더 컸고, 그럼으로써 그런 느낌을 못 느끼는 동물보다 생존할 가능성이 더 컸기 때문이다. 굶주렸을 때 기분이 좋고, 짝짓기를 끔찍하게 느낀 동물들은 아마도 후손을 얻지 못했을 것이다. 진화생물학자들에 따르면, 이것이 바로 우리의 생물학적 회로가 신체적으로 좋고 나쁨을 느낄 수 있게끔 배선되어 있는 이유이다.[2]

동물들은 신체적인 느낌들을 경험하는 것과 더불어 이른바 감정이라고도 알려진 정신적인 느낌들을 경험하기 시작했다. 처음에는 이런 감정들이 아마도 부정적이었을 것이다. 특히 동물들은 신체적으로 나쁜 느낌이 들 것이라고 경험이 알려주는 사물이나 상황을 두려워하게 되었을 것이다. 이를테면, 뱀에게 물리고 난 동물들에게는 그 후 뱀에 대한 공포심이 생겨났을 수 있다.

그 이후로 더 많은 세대를 거치면서 이런 감정들은 더 복잡해졌다. 예를 들어 만약 뱀에 물렸던 적이 있는 장소에 다시 오게 된 동물들은 설령 지금 뱀이 전혀 보이지 않아도 또 다른 부정적 감정인 불안을 경험할 수 있을 것이다. 한편 긍정적인 감정을 경험하기 시작했을 수 있다. 예를 들어, 우리 인간 조상들 중 어느 한 명이 사냥감인 동물에 창을 던졌다고 가정해 보라. 창이 목표물을 빗나갔다면 사냥꾼은 부정적 감정인 실망을 느꼈을 수 있지만, 만약 창이 사냥감에 정확히 꽂혔다면 그는 즐거운 성취감을 느꼈을 것이다.

뇌가 더 발달하게 된 우리 조상들은 장기적인 목표를 세우고 한참 뒤에 그 목표를 성취함으로써 보상을 받았다. 목표를 향해 나아가는 도중에 완료한 각각의 중요한 단계마다 성취감이 보상으로 주어졌으며, 궁극적인 목표를 성취했을 때는 인생 최대의 쾌감 중 하나인 성공의 황홀감을 보상으로 받았다. 뇌에서 신경전달물질인 도파민이 분출되면서 이런 좋은 느낌을 느끼는 것이 가능해졌다.

누군가가 게으르거나 자신감이 부족해서 어려운 도전을 거부한다면 그 사람은 성공의 황홀감을 경험할 수 있는 기회를 스스로 차버린 것이다. 다시 말해, 코카인에 손을 대지 않는 한 얻을 수 없는 그런 경험을 포기한 것이다. 이런 종류의 마약을 한 방 맞으면 우리 뇌는 엄청난 양의 도파민을 분출하고, 결과적으로 농구 결승전 시합에서 승리를 결정 짓는 슛을 집어넣을 때 경험하는 것과 매우 유사한 도취 상태를 경험하게 된다. 약물 주입으로 그런 느낌을 얻고자 하는 것은 위험천만하고 분명 잠재적으로 중독성이 있다.

우리 조상들은 사회적 동물이었기 때문에 그들의 안녕은 사회적 위계 내에서 자신이 차지하는 위치에 달려 있었다. 결국은 그것이 사회적인 감정들을 불러일으켰다. 만약 누군가가 그들을 냉대했다면 모욕감을 느꼈을 테고, 그 사건이 그들의 사회적 지위를 위험에 빠뜨렸다면 화가 치밀어 올랐을 것이다. 그들은 또한 서열상 자기보다 위에 있는 사람들을 향해 시기심을 느꼈다. 이런 저런 사회적 감정들은 그들이 자신의 사회적 지위를 개선할 수 있는 여지가 큰 방식으로 움직이게끔 자극했고 그럼으로써 그들은 생존하고 번식할 수 있는 기회를 키웠다.

우리는 이런 조상들로부터 지금의 뇌와 그 안에 배선된 감정 생성 회로를 물려받았다. 알아두어야 할 것은 비록 우리가 그 뇌에 일부 처리 능력을 보태기는 했으나 기본적인 배선에는 큰 변화가 없었다는 사실이다. 결과적으로 우리는 조상들이 느꼈던 많은 감정들을 똑같이 느끼고 있다. 하지만 우리의 환경은 그들과는 극단적으로 다르다. 그들이 마주한 커다란 도전 중 하나는 충분한 음식을 확보하는 것이었지만, 우리에게는 싸고 손쉽게 구할 수 있는 음식을 과도하게 섭취함으로써 생길 수 있는 질환을 막는 문제가 더 시급하다. 그들은 맹수의 공격을 걱정해야 했지만, 우리는 고지서 납부나 실직 같은 문제가 더 걱정이다. 그렇다면 우리의 뇌는 수많은 처리 능력을 지녔지만 작동 체계는 구닥다리인 컴퓨터라고 할 수 있을 것이다. 그런 컴퓨터를 붙들고 살아야 하는 것이 바로 우리의 운명이다.

　고대의 스토아주의자들은 그런 컴퓨터를 해킹하는 방법을 궁리했던 셈이다. 그들은 좌절의 책임을 다른 사람에게 전가한 다음 그 사람을 향해 화를 내는 인간의 경향성을 인정했다. 그들은 또한 잽싸게만 행동한다면 이 프로세스를 중단시킬 수 있다는 사실도 깨달았다. 특히 그 좌절을 우리의 회복탄력성과 창의력의 시험이라는 프레임에 집어넣음으로써, 우리는 부정적 감정들의 습격을 방지할 수 있을 뿐만 아니라 그 좌절을 우리가 즐거이 감당할 수 있는 하나의 도전으로 바꿀 수 있다. 대부분의 사람들에게는 그저 불쾌한 사건이 우리에게는 일종의 즐거움으로 바뀔 수 있는 것이다.

4부

현명한 철학자처럼
살아가기

The
Stoic
Challenge

우리를
눈물로 몰아가는 것들에 대해서는
웃음,
그것도 많은 웃음이
올바른 대응법이다.

세네카

11장

모험을 시작하기

《세네카의 대화: 인생에 관하여》라는 책에서 세네카는 견유주의(인간이 인위적으로 정한 사회의 관습, 전통, 도덕, 법률, 제도 따위를 부정하고, 인간의 본성에 따라 자연스럽게 생활할 것을 주장하는 태도나 사상 - 옮긴이) 철학자 데메트리우스(Demetrius)를 인용하면서 이렇게 말한다. "나에게는 역경을 한 번도 겪어본 적이 없는 사람보다 더 불행한 존재는 없어 보인다." 결과적으로 그는 현명한 사람이라면 자기 삶의 역경을 어느 정도는 환영할 것이라고 말한다. 그는 이런 역경을 일종의 훈련으로 여길 것이며, 심지어 "용감무쌍한 병사들이 전쟁에서 기쁨을 얻듯이" 그런 역경에서 기쁨을 얻을 수도 있다. 그뿐 아니라 현명한 사람은 역경이랄 게 없는 상황에서 오히려 불안해질 것이다. 그는 이렇게 말한다. "어떤 사람들은 불행이 자신을 더디게 괴롭힐 때는 아예 자진하여 불행 앞에 자신을 내던진다. 어두컴컴한 곳으로 전락할 위험에 처한 상황에서 자신의 가치를 빛낼 수 있는 기회를 찾으려 노력하는 것이다."[1] 이상한 소리로 들릴지도 모르지만, 현명한 사람은 잘 안다. 역경이 비록 우리를 짓밟을 수 있다 해도, 우리가 올바른 마음의 틀을 잡고 있는 한 그 역경이 오히려 우리를 단련시키고 역경을 견디는 우리의 능력을 향상시켜 줄 수도 있다는 것을 말이다.

일단 우리가 좌절을 스토아의 시험으로 여기고 나면 우리는 좌절을 두려워하는 대신 오히려 그것을 기대하게 될 수도 있다. 좌절은 우리가 그것에 대처하는 기술을 발전시킬 기회를 주는 것 말고도, 그런 방식으로 지금껏 발전시킨 그 기술을 과시할 기회를 주기도 한다. 테니스 선수가 자신의 실력에 자부심을 가지듯이, 우리는 좌절을 겪을 때 화를 내거나 불안해하거나 의기소침하지 않고 훌륭한 해결 방안을 찾아내는 자신의 능력에 자부심을 가질 수 있다. 이것은 누구든 보유할 만한 훌륭한 기술이며, 상대적으로 소수의 사람들만이 보유한 기술이기도 하다.

테니스 선수는 시합에 대비해 고된 훈련을 할 것이다. 그 선수는 근력과 지구력을 기르는 데 많은 시간을 쓰면서 반복적으로 훈련하고 연습 경기를 치를 것이다. 이 모든 노력 덕분에 그 선수는 실제 경기를 치르러 코트에 들어섰을 때 시합에서 이길 것이다. 유사한 방식으로 우리도 인생의 좌절에 대비한 훈련을 할 수 있다. 이 훈련의 내용은 '연습용 좌절'이라 할 만한 상황을 다루는 일이다. 하지만 먼저 분명히 해 둘 것이 있다.

단어의 의미를 엄격히 따졌을 때 만약 우리가 어떤 사건을 좌절로 간주하려면 그 사건이 일어날 줄 몰랐어야 한다. 우리가 무심코 스스로를 좌절에 빠뜨릴 수 있는 있지만(마치 차에 연료 채우는 것을 깜빡한 채로 고속도로에 진입하는 경우처럼), 고의로 자신을 좌절에 빠뜨릴 수는 없다. 왜냐하면 좌절에는 놀람이라는 요소가 필요하기 때문이다. 이 상황에서 우리가 할 수 있는 일이란 도전적인 놀라운 사건들이 발생할 가능성이 있는 상황에 스스로 뛰어드는 것뿐이다.

만약 주말에 집에서 조용히 있기로 한다면, 좌절을 겪을 확률은 낮다. 설사 좌절을 겪는다 해도 사소한 문제일 가능성이 높다. 기껏해야 샴푸가 다 떨어진 것을 알게 된다든가 하는 정도일 거다. 반면 주말에 자연보호 구역을 통과하는 30킬로미터 하이킹을 가기로 한다면, 우리는 수많은 흥미로운 좌절을 경험할 가능성이 높다. 결과적으로 하이킹에 나서는 일은 좌절 훈련의 한 형태가 될 수 있으며, 거기서 경험하는 좌절은 연습용 좌절이 될 것이다. 이렇게 좌절이 예상되는 상황에 뛰어들면 우리는 해결 방안을 찾아내는 기술, 그러면서 침착성을 유지하는 기술을 발전시킬 수 있다.

인생의 난관에 대비하는 최선의 길

스토아의 시험에 대비해 '공부'하는 최선의 방법 중 하나는 내가 소위 스토아의 모험(Stoic adventure)이라고 부르는 활동에 착수하는 것이다. 그런 모험에서 우리는 도전적인 상황, 즉 우리가 별로 유쾌하지 않게 놀랄 가능성이 높은 상황에 자진하여 뛰어들고자 각별한 노력을 기울인다.

사람마다 인생 경험이 다 다르기 때문에, 도전으로 간주하는 상황도 사람마다 차이가 있다. 응석받이의 삶을 살아온 사람에게는 평소 자기를 돌봐주던 사람들이 잠깐 없는 상황에서 무언가를 손수 해야 하는 상황이 모험일 수도 있다. 그런 사람에게는 아침밥 하기도 모험일 것이다. 마이클 조던(Michael Jordan)에게는 마이너리그 야구 선수가 되기 위해 역사상 최고의 농구 선수라는 자신의 이력에서 잠시 이탈한 것이 모험이었다. 그리고 모로코 출신의 프랑스 코미디언 게드 엘마레(Gad Elmaleh)에게는 미국으로 이주하여 영어로 스탠드업 코미디에 도전한 것이 모험이었다.

내가 염두에 둔 의미에서 보자면, 스토아의 모험가는 새로운 기술을 습득하기 위해 노력하는 사람일 수도 있다. 나는 스토아주의자가 되는 과정에서 밴조 레슨을 받고 이탈리아어 강의를 수강했다. 나는 이 모험들을 나중에 새로운 모험에 나서기 위한 기반으로 활용했다. 밴조 연주회를 열었고, 이탈리아로 여행을 떠났다. 각각의 모험은 내게 그 나름의 도전을 선사했으며 깜짝 놀랄 방식으로 내 인생에 영향을 미쳤다.

하지만 스토아주의자가 되고 난 후에 시도한 가장 중요한 모험 중 하나는 조정을 배운 것이다. 나는 지금 현재 진지한 조정 선수이다. 거의 매일 조정과 관련된 일을 하고 있다는 의미에서 그렇다. 나는 시합에도 나간다. 보트 경주에 참가하여 다른 선수들과 실력을 겨룬다. 그렇기는 한데, 내가 아주 훌륭한 조정 선수는 아니라는 고백을 덧붙여야겠다. 나는 조정에 어울리지 않는 신체 유형이어서, 조정을 잘하려면 적어도 지금보다 두 배는 더 열심히 훈련해야 할 것이다!

하지만 경주에서 이기지 못한다거나 혹은 아예 꼴등을 하더라도 내게는 아무 문제가 되지 않는다. 조정을 하는 나의 최우선 목표는 메달을 따는 것이 아니라 근성을 얻는 것이다. 조정을 하며 나는 스토아의 시험에 대비한 공부를 하고 있다. 보통 노를 저을 때도 그렇지만, 더욱이 경주를 할 때는 예측할 수 없는 일들이 발생한다. 노가 노걸이에서 갑자기 툭 빠지면서 보트가 뒤집히기도 한다. 경주 초반에 옆을 지나가던 모터보트가 물결을 일으키는 바람에 내 보트에 조금이라도 물이 차면 노 젓기가 더 어려워진다. 그리고 결승선을 향한 마지막 질주에서 다른 선수가 내 앞으로 치고 들어올 때, 숨이 금방이라도 넘어갈 지경이지만 침착성을 잃지 않고 해결 방안을 찾을 수 있는지 나의 능력을 시험할 수도 있다.

게으른 자아와 결별하기

조정의 또 다른 이점은 덕분에 내가 소위 게으름뱅이 빌이라고 부르는 녀석과 친밀하게 접촉할 수 있다는 것이다.[2] 이 녀석은 나의 잠재의식 안에 살고 있는데 거기서 대부분의 시간을 그냥 자면서 보낸다. 하지만 내가 조정을 할 때 그 녀석은 여지없이 모습을 드러낸다. 내가 500미터 질주 연습에 온 힘을 쏟고 있거나 5000미터 경주에서 3000미터 지점에 이르렀을 즈음이면 벌써 게으름뱅이 빌이 나타나 목청을 높인다. "잘 알잖아 빌, 넌 그냥 노 젓기를 멈출 수 있다고. 그냥 노를 놔 버려, 그러면 기분이 얼마나 좋아질 텐데! 그래, 한 번 생각해 봐!"

어떤 일이 있을 때마다 나를 유혹하는 목소리이다. 하지만 거의 대부분 나는 훨씬 더 열심히 노를 젓는 것으로 그 유혹에 대답한다. 너에게 보여주마! 뒤이어 나는 완주하기까지 남은 노 젓기 횟수에 주의를 집중하면서 한 번 노를 저을 때마다 그 수를 차감해 나간다. 성공의 열쇠는 노 젓기를 한 번 더 하는 것이고, 그 노 젓기기가 끝났을 때 다시 한 번 더 노를 젓는 데 있다는 것을 나는 안다. 그렇게 함으로써 나는 게으름뱅이 빌을 조용히 시키고 창피까지 줄 수 있다. "넌 졌어, 이 한심한 녀석아!"

이 시점에서 당부의 한마디를 해야겠다. 자신의 게으른 자아에게 독설을 퍼붓는 것까지는 그렇다 치자. 그래 봐야 그 녀석은 너무 게을러서 그런 말을 듣고도 아무 일도 하지 않을 테니까. 하지만 스토아의 신들에게 독설을 퍼붓는 것은 현명하지 못하다. 어쩌면 이건 그저 나만 신경쓰는 미신에 불과한 것일 수도 있지만, 어쨌든 다시 한 번 말하지만 그들은 믿을 수 없을 정도로 강력한 힘을 가졌을 뿐만 아니라 점점 오만불손해지는 인간들을 주시하고 있기도 하다.

비유적으로 말하자면, 일상생활에서 '그냥 노 젓기를 멈춘다면' 적어도 단기적으로는 여러 번 일들을 더 쉽게 만들 수 있었다. 그러나 나는 무언가 중요한 목표를 성취하려면 완전히 기진맥진한 상태에서도 '한 번 더 노를 저을 수 있는' 능력과 또 기꺼이 그렇게 하겠다는 의지가 필요하다는 사실을 깨달았다. 다른 그 어떤 능력보다도 바로 이런 능력 덕분에 어떤 사람들은 다른 사람들이 실패하는 동안에도 자신이 마주한 도전에서 탁월성을 드러낸다고 나는 확신한다.

내 인생의 어떤 시점에서 나의 생존 능력은 내가 한 번 더 숨을 쉬고 그런 다음 또 한 번 더 쉴 수 있는 불굴의 의지를 갖고 있느냐의 여부에 달려 있을 수도 있다. 나는 나의 경우 조정이 이런 불굴의 의지를 기르는 데 도움이 된다고 생각한다.

조정 경기의 관람객이라면 자연스럽게 내가 다른 선수들과 겨루기 위해 노를 젓는다고 생각할 것이다. 하지만 스토아의 관점에서 보면 다른 조정 선수들도 훨씬 더 중요한 과업에 관한 나의 팀 동료들이나 마찬가지다. 그 과업이란 바로 게으름뱅이 빌에 맞서 싸우는 투쟁이다. 나는 경주에서 이긴다는 말의 통상적인 의미대로, 경주에 참가한 다른 선수들보다 더 빨리 노를 저어서 내가 우승하는 것이 싫지는 않다. 하지만 나에게 정말로 중요한 문제는 게으름뱅이 빌을 철저히 물리치는 것이다.

자기 안에 게으른 자아가 도사리고 있는 사람이 오로지 나 혼자만은 아닐 것이다. 실제로 친애하는 독자 여러분도 마찬가지로 그런 자아를 갖고 있을 것이다. 앞으로는 잘 감시하고 있다가 그 녀석이 어디선가 모습을 드러낼 때 그냥 쉽게 항복하지 말고 어떤 선택지들이 있을지 잘 생각하라. 녀석을 무시하거나 아예 호되게 꾸짖어 보라. 그리고 우리가 인생을 살아가면서 주목할 만한 일이라고는 아무것도 성취한 적이 없는 이런 하찮은 친구를 정말로 원할지 자문하라.

어떤 독자들은 지금의 논의에 당황하며 물을 것이다. "나의 '게으른 자아'라는 말이 도대체 무슨 의미인가요?" 문제의 그 독자들은 그런 녀석과 만났다는 사실조차 기억나지 않을 것이다.

아마도 그 이유는 그 사람들이 육체적으로건 정신적으로건 자신의 게으른 자아를 깨울 수 있을 만큼 도전적인 일을 해 본 적이 한 번도 없기 때문일 수 있다. 혹은 그 사람들은 그 녀석의 요구에 굴복하는 일에 너무나 익숙해서 더 이상 그자를 '다른' 녀석으로 간주하지 않기 때문일 수도 있다. 그들의 게으른 자아가 그들의 진짜 자아와 합쳐져 버린 것이다. 아니, 대체했다고 해야 할까? 결과적으로 그들에게는 그들의 게으른 자아가 시키는 대로 하는 것이 게으름의 공격으로 여겨지지 않는 것이다. 그것은 그들이 아는 그대로의 인생일 뿐이다. 너무 슬픈 일이다!

비록 우리가 게으른 자아를 없애 버리지는 못한다 하더라도 그 녀석이 우리를 휘어잡는 힘을 통제할 조치들을 취할 수는 있다. 우리는 특히 신체적으로나 정신적으로 소모적인 일들에 전력을 기울여 볼 수 있다. 그럴 때 우리의 게으른 자아가 깨어날 가능성이 높다. 그리고 마침내 그 녀석이 모습을 드러냈을 때 사정없이 쏘아붙임으로써 누가 내 인생의 주인인지를 그 녀석에게 똑똑히 보여줄 수 있다. 그렇다, 자신의 게으른 자아와 대면하려면 그리 내키지 않는 노력을 해야 한다. 그러나 아마도 스토아주의자들은 그 정도는 우리의 자율성을 방어하기 위해 치러야 할 작은 대가에 불과하다고 주장할 것이다.

모험을 지금 시작하라

우리는 스토아의 모험에 착수함으로써 우리 삶을 작가 조지프 캠벨(Joseph Campbell)이 사용했던 의미에서의 영웅적인 양상으로 채울 수 있다. 캠벨은 자신의 책에서 영웅의 여정은 일상 세계의 삶에서 시작하며 그때 모험의 신호도 함께 찾아온다고 했다. 사람들은 많은 경우 그 신호를 거부하며 일상 세계에 그대로 남는다. 그러나 만약 그 신호를 받아들인다면, 그 사람은 내가 좌절이라고 부르는 시험과 시련을 겪을 특별한 세계로 들어서게 된다. 만약 이런 도전들에 맞서 싸운다면, 그 사람은 완전히 다른 존재가 되어 일상 세계로 귀환할 것이다.

스토아의 모험을 지금 시작하라. 그러면 우리 자신 안에서 변화가 생겨날 것이다. 예전에는 좌절을 만나면 아마도 실망이나 분노로 대응했을 것이다. 그러나 이제는 작게라도 분출되는 희열을 느낄 수도 있다. 아하하하! 겨뤄 볼 만한 좌절이로군! 그리고 우리가 그 스토아의 시험을 성공적으로 통과한다면 깊은 만족감을 느낄 것이다. 내가 말했듯이, 스토아의 신들이 그들 방식으로 제시한 게임에서 그들을 물리치는 것은 결코 사소한 업적이 아니다.

스토아의 시험에 대비한 공부를 통해 얻을 수 있는 한 가지 부수적인 효과는 자신감 상승이다. 도전에 성공적으로 대처할수록 점점 더 자신의 대처 능력에 자신감을 갖게 될 것이다. 또한 자발적으로 좌절을 다뤄나감으로써 우리는 일상에 드리운 잿빛 구름에서 한 줄기 환한 빛을 탐지하는 능력을 키울 수 있고, 상대적으로 우리가 얼마나 좌절 없는 순탄한 삶을 살고 있는지에 새삼 고마워할 것이다.

12장

실패 끌어안기

사람들은 실패를 끔찍이 싫어하기 때문에 실패했다는 사실을 선뜻 인정하려 들지 않는다. 그래서 사람들은 자신의 실패를 타인에게만이 아니라 자기 자신에게도 숨긴다. 불행한 일이다. 왜냐하면 실패를 인정하지 않음으로써 실패를 통해 배우기에도 실패하기 때문이다. 결국 하나의 실패가 두 개의 실패가 되는 셈이다.

실패를 피하는 한 가지 방법은 장애물들을 피할 수 있도록 미리 시간과 에너지를 들이는 것이다. 하지만 실패를 피할 수 있는 훨씬 더 쉬운 두 번째 방법이 있다. 달성하기 쉬운 목표들만 고르는 것이다. 물론 이 전략을 사용하면 남들이 주목할 만한 성공을 달성하기란 거의 불가능하다. 실제로 뛰어난 사람들의 삶을 살펴보면 그들은 어려운 목표를 추구했고, 그 목표를 이루는 과정에서 많은 실패를 경험했으며, 그럼에도 계속 시도했다는 사실을 거의 예외 없이 발견하게 된다.

이것은 테크놀로지 분야에서도 마찬가지다. 영국의 발명가 제임스 다이슨(James Dyson)은 완벽한 듀얼사이클론 진공청소기를 만들기 위해 5천 건이 넘는 진공청소기 설계안을 개발했다가 폐기하며 15년의 세월을 보냈다. 이 제품은 1993년에 처음으로 출시되어 획기적인 성공을 거두었고 진공청소기의 개념 자체를 바꾸어놓았다.

문학 분야는 어떤가? 마거릿 미첼(Margaret Mitchell)의 《바람과 함께 사라지다》는 38군데 출판사에서 퇴짜를 맞았지만 결국 20세기 최고의 베스트셀러 중 한 권이 되었고, 로버트 피어시그(Robert Pirsig)의 베스트셀러 《선과 모터사이클 관리술》은 121곳의 출판사에서 거절당한 후에야 비로소 햇빛을 보았다. (그리고 독자들이 궁금해 할까 봐 밝힌다. 그렇다, 지금 읽고 있는 이 책도 수차례 거절당한 후에야 비로소 출간될 수 있었다.)

미술 분야도 살펴보자. 빈센트 반 고흐(Vincent Van Gogh)는 860점의 유화를 그렸지만 그가 살아 있는 동안에는 오로지 딱 한 점만 판매되었다. 그의 '실패한' 그림들은 오늘날 세계적으로 가장 사랑받고 가장 값비싼 작품에 속한다.

심지어 수학 분야도 마찬가지다. 영국의 수학자 앤드류 와일스 (Andrew Wiles)는 '페르마의 마지막 정리'를 증명하는 데 7년의 세월 을 보냈다. 마침내 혁신적인 착상을 떠올린 와일즈는 자신의 증명 을 공개했지만, 돌아온 것은 그의 증명에 실수가 있다는 비판뿐이 었다. 어떤 수학자들은 이런 사건을 겪으면 의기소침하고 말았을 테지만, 와일즈는 기어코 해결 방안을 찾아냄으로써 만회에 성공 했다.

기업 경영의 세계에서는 실패가 아예 성공의 본질적 구성 요소 처럼 보이기도 한다. 스타벅스 창업주 하워드 슐츠(Howard Schultz) 는 스타벅스의 전신인 일 조르날레(Il Giornale)를 확장하는 데 필요 한 자금 마련을 위해 242명의 투자자와 접촉했다.[1] 그는 전화 영업 으로 복사기를 팔았던 경험 덕분에 거절을 당하고도 굴하지 않는 방법을 배우게 되었다고 말했다.

캐스린 민슈(Kathryn Minshew)는 경력 개발 플랫폼 스타트업 뮤 즈(Muse)의 펀딩 과정에서 겪었던 이야기를 들려준다. "아침 식사 중에 '안 됩니다' 소리를 듣고, 오전 10시 30분 커피를 마시면서 '안 됩니다' 소리를 듣고, 또 점심 식사 중에 '안 됩니다' 소리를 듣고, 오 후 2시에 '관심 없어요' 소리를 듣고, 4시에는 누군가가 나와 만나 기도 전에 일찌감치 미팅 장소를 떠나버리죠. 그다음엔 비웃음을 당하고 있다는 느낌을 받으며 미팅룸에서 나와 술집으로 향했습니

다." 그녀는 한 번의 '좋습니다'를 듣기 위해 148번의 '안 됩니다'를 참아냈다.[2]

애비 팔리크(Abby Falik)는 고교 졸업 후 대학에 입학하기 전까지의 갭이어(흔히 서양에서 고교 졸업 후 대학 생활을 시작하기 전에 일을 하거나 여행을 하면서 보내는 1년 – 옮긴이) 동안 젊은이들의 해외 봉사를 주선하는 비영리조직 글로벌 시티즌 이어(Global Citizen Year)의 창립자이다. 그녀는 거듭되는 거절을 참아낼 뿐만 아니라 그런 거절의 존재에 감사해하기까지 한다. "그 거절들은 실제로는 선물입니다." 그녀가 말한다. 그녀는 자신의 멘토가 다음과 같은 가르침을 주었다고 했다. "세상에 나가서 할 수 있는 최대한 많은 '거절'을 모아보세요. 거듭해서, 다시, 계속 퇴짜를 맞고 그런 다음 돌아와 그 일에 관해 보고하는 것이 당신의 숙제입니다." 그녀는 멘토의 말이 "내가 지금껏 할 수 있었던 가장 중요한 일이었고, 내가 얻을 수 있었던 가장 중요한 조언"이었다고 말했다.[3] 그녀는 거절하는 말들을 귀담아 듣고, 파고들어 실마리를 찾아내는 법을 배웠다. 만약 거절을 당할 때 꾹 참고 잘 대처하게 된다면, 그 거절들은 나중에 값진 자산이 될 것이다.

엄청난 속도로 진화하는 테크놀로지 산업에서 실패는 제품 개발의 핵심 요소이다. 이 사실을 누구 못지않게 잘 알고 있는 페이스북 창업주 마크 저커버그(Mark Zuckerberg)는 직원들에게 "실패하지 말라"가 아니라 "더 빨리 실패하라"라고 조언한다. 페이스북의 직원은 새로운 서비스 설계에서 대담하게 앞으로 치고 나가고, 실수를 저질러야 그 실수로부터 배워서 새롭고 더 나은 실수들을 저지를 수 있고, 궁극적으로 성공적인 서비스를 고객들에게 제공하게 될 것이다.

실패는 신약 개발에도 필수적이다. 일반적으로 연구자들은 엄청나게 많은 약들을 10년 이상 시험하고 폐기한 끝에 안전성과 효능에서 FDA의 기준을 충족하는 한 가지 신약을 찾아낸다. 로체 홀딩 AG(Roche Holding AG)의 최고경영자 제베린 슈반(Severin Schwan)은 이 모든 실패를 겪고 있는 연구자들의 사기를 높이려는 시도로, 신약 개발 노력이 수포로 돌아간 연구팀을 존중하고자 샴페인을 곁들인 점심 식사를 제공한다. 그의 생각은 이렇다. "문화적인 관점에서 나는 한 번의 성공보다 아홉 번의 실패를 칭찬하는 것이 더 중요하다고 주장하고 싶습니다."[4]

이 시점에서 스토아적인 지식을 지닌 독자라면 우리의 인생 목표가 슐츠나 저커버그처럼 부자나 유명 인사가 되는 것이 아니라 평온한 삶을 사는 것이어야 한다고 말할지도 모르겠다. 부정적 감정은 최대한 적게, 그리고 기쁨은 가급적 많이 경험하는 삶 말이다. 나도 정말 동의하지만 우선 두 가지 관점을 살펴보자. 첫째, 세네카와 마르쿠스 아우렐리우스의 삶이 증명하듯 스토아주의를 실천하면서 '세속의 성공'도 성취하는 일은 얼마든지 가능하다. 둘째, 설령 슐츠와 저커버그 같은 사람들이 추구하는 목표가 잘못되었다고 생각한다 하더라도, 우리는 적어도 그들이 목표를 추구하는 그 방식을 검토하여 중요한 통찰을 얻을 수 있다. 그들은 무언가를 시도하고, 실패하고, 배우고, 다시 시도하는 능력을 지닌 사람들이다. 어쩌면 그들에게 그런 선천적인 능력이 있었던 것일지도 모르지만, 아마도 '실패 대응' 전략을 후천적으로 습득했을 가능성이 더 클 것이며, 덕분에 그들은 실패를 무난히 극복할 수 있었으리라. 그런 전략 중 한 가지를 살펴보자.

좌절과 장애물을 구분하라

우리의 목표가 어떤 도전적인 과제에서 성공하기라고 가정해 보자. 우리는 우선 수많은 실패를 경험할 가능성이 크다는 것을 인정하는 데서 출발해야 한다. 약간의 창조적인 프레이밍을 통해 실패의 쓰라림을 상당히 누그러뜨릴 수 있고, 그럼으로써 최종적으로 성공 가능성을 높일 수 있다. 이를테면 실패를 좌절이라기보다는 장애물로 생각할 수 있다.

이 둘을 제대로 구분하기 위해 장애물 경주를 떠올려 보라. 그런 경주에는 참가하는 선수들에게 경주 코스와 장애물의 위치를 보여 주는 지도가 주어진다. 어떤 지점에서는 벽을 타고 기어올라가야 하고, 또 어떤 지점에서는 기어서 파이프를 통과해야 하며, 또 어떤 지점에서는 밧줄을 타고 물이 가득 찬 수로를 건너야 할 수도 있다. 선수들은 저 앞에 어떤 장애물들이 기다리고 있는지 아주 잘 알고 있기 때문에, 엄밀히 말하자면 그것들을 좌절이라고 부르는 것은 부적절하다. 어쨌든 그것들을 마주칠 때 놀라지는 않으니 말이다. 선수가 벽을 타고 오르다가 손을 베는 것은 좌절로 여길 수 있을 테지만, 벽 그 자체와 맞닥뜨리는 것은 좌절이 아니다. 이러한 좌절과 장애물의 구분이 쓸데없는 소리처럼 들릴 수도 있지만, 지금까지 보았듯이 좌절에 어떤 프레임을 씌우느냐 하는 문제는 그 좌절을 성공적으로 극복할 가능성에 매우 현실적으로 영향을 미친다.

개인적으로 중요한 의미가 있는 도전을 한다고 가정해 보라. 대학 졸업을 예로 들어보자. 이 경우 장애물 코스에 상응하는 요소가 바로 교육 과정일 것이며, 우리는 지도에 장애물들의 위치를 표시하듯이 학업 계획을 세울 수 있다. 수강해야 할 과목들이 있고 각 과목마다 수업에 출석하기, 필기하기, 수업 자료 읽기, 시험, 과제 제출 등 나름의 장애물이 있을 것이다. 그리고 각 장애물마다 그 안에 또 다른 장애물이 있을 것이다. 예를 들어, 과제를 작성할 때의 첫 번째 장애물은 충분한 연구일 것이고, 그다음은 전체적인 개요 짜기일 것이다. 시험을 준비하는 데 첫 번째 장애물은 관련된 필기 자료 모으기일 것이고 두 번째는 필기 내용 암기하기일 것이다.

많은 사람들에게 대학 졸업이라는 목표는 버거울 수 있다. 25세 이상의 미국인 가운데 세 명 중 불과 한 명만이 그 목표를 이루게 되는 것을 보면 알 수 있다. 대학 졸업이라는 꿈을 이루려면 그 꿈을 특정 과목 이수 등과 같은 작은 목표들로 해체하고, 그런 다음 작은 목표를 특정 과목 과제물 제출 등과 같은 꼬마 목표들로 한 번 더 해체하면 도움이 된다.

중요한 것은 이런 꼬마 목표들은 하나씩 놓고 보면 너끈히 할 만하다는 점이다. 그런 아주 작은 목표들을 성취하는 데에도 일정 정도의 지능은 필요하겠지만 그것은 대체로 자기 훈련의 문제이다. 단지 필요한 만큼 노력하도록 스스로를 다잡으면 된다. 달리 말하면, 대졸자 되기라는 큰 목표를 성취하기 위해 우리가 영웅적인 수준의 천재가 될 필요까지는 없다. 그저 똑똑하고 끈기가 있기만 하면 된다. 우리는 조정 경주에서 '한 번 더 노 젓기'에 해당하는 학업 활동을 그저 해 나가기만 하면 된다.

비즈니스의 세계에서도 위 사례와 유사하게 창업 자금 마련이라는 큰 목표를 작은 목표들과 꼬마 목표들로 해체할 수 있다. 마치 선수들이 400미터 장애물 경주의 출발선에서 장애물들과 맞딱뜨리리라는 것을 알고 있듯이, 거절의 말을 들을 줄 알면서도 세상으로 뛰어들었던 애비 파리크를 다시 생각해 보라. 그녀는 거절하는 말을 듣고서도 풀이 죽지 않았다. 거절하는 말을 듣는 것은 그녀의 멘토가 내준 거절을 수집해 오라는 숙제에서 진전을 보이고 있음을 의미했으니까.

물론 최선의 노력을 다해도 우리가 도전한 큰 목표를 성취하지 못할 가능성은 있다. 이런 일이 일어나더라도 창피하다고 숨을 필요가 없다. 어쨌든 최선을 다했고, 그것 말고 더 할 수 있던 일이 무엇이었나? 또한 어떤 어려운 과제에 실패하는 일보다 나쁜, 훨씬 더 나쁜 일이 있다는 사실을 명심해야 한다. 바로 실패가 두려워 아예 시도할 엄두조차 내지 않는 것이다.

13장

불편이
편안에 이르는 길이 된다

대부분의 좌절은 쉽게 피할 수 있다. 자동차 연료계를 확인하기만 하면 고속도로에서 연료가 떨어지는 일을 피할 수 있다. 마찬가지로 산책 나가기 전에 날씨 정보를 확인하면, 우산도 없이 비를 만나는 신세를 피할 수 있다. 좌절을 피하기 위해 우리가 할 수 있는 다른 일은 세상이 어떻게 돌아가는지에 대해 더 많이 공부하는 것이다. 컴퓨터나 특정 어플리케이션의 작동에 관해 더 많은 시간을 들여 공부한 사람은 그렇지 않은 사람보다 훨씬 좌절을 덜 겪을 것이다. 그 사람은 컴퓨터가 '말을 안 들을 때' 문제 해결 방법을 알 테니까.

하지만 우리는 아주 명백하게 알려져 있지는 않은 또 다른 방식으로 우리가 겪는 좌절의 횟수를 줄일 수 있다. 우리가 어떤 사건을 좌절로 간주하려면 그것이 예기치 않은 놀라운 일이어야 할 뿐만 아니라, 우리가 보기에 더 나쁜 쪽으로의 상황 변화여야 한다. 달갑지 않은 사건들로 인해 놀라지 않도록 조치들을 취하는 것과 별개로, 스토아주의자들은 우리 입장에서 무엇을 달갑지 않은 사건으로 여길지에 변화를 줄 조치들을 취해야 한다고 권장한다. 이 제안이 억지처럼 들릴 수 있으리라는 걸 인정한다. 그러니 설명을 해보겠다.

어떤 부부가 무더운 여름날에 차를 운전해 공항으로 가고 있다고 가정해 보자. 중간쯤 갔는데 자동차 에어컨이 작동을 멈춰서 차량 내부 온도가 치솟는다. 남편은 지질학자라서 태양에 노출되는 일에 익숙하기 때문에 그 정도 열기는 대수롭지 않다. 하지만 컴퓨터 프로그래머인 아내는 평소에 온도가 잘 조절되는 사무실에서 생활한다. 아내는 땀을 흘리다가 곧이어 불평을 한다. 아내에게 에어컨 고장이란 예측 못한 더 나쁜 쪽으로의 중대한 상황 변화이므로, 이 사건은 좌절이다.

중간 장면을 건너뛰어 이제 부부가 비행기에 탑승해 자리에 앉았다고 가정해 보자. 아내는 자동차에 있을 때보다 지금이 훨씬 더 편안하다. 어쨌든 비행기의 객실은 온도가 잘 조절된다. 한편 남편은 식은땀을 흘린다. 그는 비행 공포증이 있기 때문이다. 아내가 자동차에서 겪었던 불편은 신체적인 것이고 남편의 경우는 정서적인 불편이지만 매우 실제적인 문제이며, 여러 가지 측면에서 아내의 경우보다 더 안 좋다. 비행기가 활주로를 달릴 때 아내는 남편의 손을 잡고 안심시켜 주지만 효과는 별로다. 남편은 이런 여행을 해야 한다는 사실에 분노하면서 결코 다시는 비행기를 타지 않으리라 맹세한다.

이 이야기는 우리 모두가 아는 무언가를 묘사하고 있다. 사람마다 안락 지대가 다 다르다는 것이다. 어떤 이들은 안락 지대가 매우 넓어서 어떤 환경에서든 안락함을 느낀다. 우리는 그런 사람들이 불편을 호소하는 소리를 듣는 것만으로도 깜짝 놀란다.

한편 또 어떤 사람들은 모든 것이 정확하지 않으면 불편해한다. 어떤 이유에서든지 간에 이런 까다로운 사람들은 흔히 다른 사람들에게 자신의 불편을 호소하려 한다. 까다로운 사람들은 다른 사람들이 자기 사정을 알아주기를 원하며, 궁극적으로 이 문제에 관해 뭔가 조치해 주기를 원한다. 너무 덥다고 투덜대는 그런 사람들을 만족시키고자 방안의 에어컨을 켠다고 가정해 보라. 그들은 이제 에어컨 소리가 너무 시끄럽다고 불평할 것이다. 그들은 틀림없이 힘들게 살고 있을 것이다. 일상에서 늘 그런 사람들을 상대해야만 하는 사람들의 삶도 힘들긴 마찬가지지만.

안락 지대 넓히는 법

우리는 어떻게 안락 지대를 갖게 되었을까? 그리고 어째서 사람마다 그런 안락 지대가 다 다를까? 유전적 기질의 결과일 수도 있고, 실제로도 어느 정도는 그렇다. 하지만 더 크게는 일상의 경험이 안락 지대의 크기와 형태를 결정한다. 그러므로 우리가 신체적으로나 감정적으로 불편한 일들에 스스로를 의도적으로 노출시킨다면, 그런 일들에 편안해지도록 단련할 수 있고, 그렇게 우리의 안락 지대는 확장될 것이다.

이를 깨달은 고대의 스토아주의자들은 스토아적인 수행의 일부로 안락 지대의 확장을 위해 훈련했다.[1] 이것을 강인성 훈련(toughness training)이라고 부르자. 그들은 주기적으로 자신을 불편하게 하는 일들을 일부러 찾아서 했다. 마치 자학주의자들 이야기처럼 들릴 수도 있지만, 스토아주의자들은 체계적으로 자기자신을 불편에 노출시키기만 하면 일상생활에서 경험하는 불편의 총량이 줄어드는 효과를 거둘 수 있다는 사실을 알았다. 따라서 이런 훈련을 하는 것은 시간과 에너지를 잘 투자하는 셈이다.

더 자세히 이야기하기 전에 강인성 훈련이 스토아의 모험(11장 참조)과 어떻게 다른지 분명히 해 두자. 우리는 등산과 같은 스토아의 모험을 해봄으로써 좌절을 경험할 수 있다. 달리 말하자면 그렇게 함으로써 불쾌한 사건들 때문에 놀랄 수 있다는 것이다. 스토아주의자들은 이런 모험을 통해 우리의 '좌절 반응' 반사작용을 단련할 수 있다는 사실을 알았다. 그렇게 단련하고 나면, 일상생활에서 좌절을 경험할 때 실망하거나 분노하는 대신 단지 그 사건에 스토아의 시험이라는 이름표를 붙이고, 차분하게 최적의 해결 방안을 찾을 수 있다. 결국 우리는 스토아의 모험을 함으로써 인생을 살다 보면 출제될 가능성이 있는 스토아의 시험에 대비한 공부를 하고 있는 것이다.

대조적으로 강인성 훈련을 실시할 때는 훈련 중에 더 나쁜 쪽으로 예기치 않은 상황 변화가 일어나기를 희망하는 것이 아니다. 반대로 우리가 일부러 더 나쁜 쪽으로 상황 변화가 일어나도록 의도하여 우리의 안락 지대를 확장하려는 것이다. 가장 순수한 형태의 강인성 훈련에는 놀람이라는 요소가 없다.

두 방식에 차이가 있기는 하지만, 강인성 훈련과 스토아의 모험을 조합할 수 있다. 대처해야 할 많은 좌절과 만나고자 해발 4000미터 고산 등반을 고려한다고 가정해 보라. 또한 과거의 경험에서 자신이 고산병에 취약하다는 사실을 안다고 가정해 보라. 그렇다면 그런 사람에게는 등산이라는 모험이 강인성 훈련도 될 수 있을 것이다. 고대의 스토아주의자들은 이런 '원 플러스 원'을 좋아했다. 어쩌면 그들은 강인성 훈련을 하면서 스토아의 시험에 대비한 공부도 할 수 있다는 사실이 바로 스토아의 신들이 우리를 사랑하며 우리가 잘되기를 원한다는 증거라고 둘러댈지도 모르겠다.

강인성 훈련이 부정적 시각화의 실천(6장 참조)과도 어떻게 다른지 분명히 해두어야겠다. 부정적 시각화는 상황이 얼마나 더 나빠질 수 있을지를 미리 생각하는 문제와 관련이 있고, 강인성 훈련은 상황을 실제로 더 나빠지게 하는 문제와 관련이 있다. 부정적 시각화의 일환으로 우리는 점심 식사로 먹을 게 아무것도 없는 상황을 상상해볼 수 있다. 그렇게 되면 어떤 느낌이 들까? 우리는 궁금할 것이다. 만약 강인성 훈련의 일환으로 자발적으로 점심 식사를 건너뛴다면, 먹을 것이 없을 때 어떤 느낌이 들지 따위는 전혀 궁금하지 않을 것이다. 대신 우리는 알게 될 것이다. 또한 식사를 거른다는 것이 철저히 생존이 걸린 문제임을 알게 될 것이고 그것이 결국은 우리의 자신감을 키워줄 것이다.

두려움을 상대하는 것부터 시작하라

안락 지대에는 신체적, 정서적 두 가지 차원이 있다. 강인성 훈련에서 우리의 목표는 그 두 영역 모두에서 안락 지대를 확장하는 것이어야 한다.

우리는 정서적으로 더 강인해지기 위해 자신의 두려움과 씨름할 필요가 있다. 달리 말해 우리는 자신의 겁 많은 자아를 상대해야 한다는 것이다. (참고로 말하자면, 그 겁 많은 자아는 우리의 잠재의식에서 게으른 자아의 옆집에 살고 있다.) 적절한 정도로 두려운 대상 앞에 자신을 일부러 노출시키는 방식으로 겁 많은 자아를 상대할 수 있다.[2] 사람들 앞에서 말하기가 두려운 사람이라면, 강인성 훈련의 일환으로 우선 친밀한 소규모 청중 앞에서 말하기를 시도할 수 있다. 여기서 편안해진다면, 점차 더 많은 청중 앞으로 무대를 옮길 수 있다. 이를 둔감화(desensitization)라고 하는데, 둔감화의 결과로 그 사람은 언젠가는 자신도 놀랄 정도로 수백 명의 청중 앞에 두려움 없이 서 있는 자신의 모습을 발견할 수도 있다.

이런 정서적 불편에 대한 처방이 유효하다는 증거를 제시하기 위해서, 깊이 생각하지 않고도 할 수 있는 일들을 고려해 보라. 수영장에서 두려움 없이 다이빙보드에서 물로 뛰어들 수 있는 사람이라면, 지금처럼 편안함을 느끼기까지 극복해야 했던 온갖 두려움을 회상해 볼 수 있다. 처음에는 수영장 가장자리의 얕은 곳에서 부모 손을 잡지 않고 물에 들어갔고, 그런 다음에는 수영장의 깊은 곳에서 혼자 수영을 했으며, 차례로 수영장 데크에서 물로 뛰어드는 것, 데크에서 머리부터 다이빙하는 것, 다이빙보드에서 물로 뛰어드는 것, 그리고 마지막으로 다이빙보드에서 머리부터 다이빙하는 것에 익숙해져야 했다. 각 단계마다 두려움을 느꼈을 것이고, 그 두려움은 몇 차례의 반복 후에 사라졌을 것이다.

처음 자동차를 운전했을 때 얼마나 겁을 먹었는지 기억이 나는가? 또한 자동차를 처음 일렬 주차할 때를 기억하는가? 그런데 이제는 서슴없이 그런 일들을 한다. 심지어는 동시에 휴대전화로 메시지 확인까지 할 수 있다. 이런 행동은 그리 권장할 만한 일이 아니긴 하지만.

영어 속담에 '친밀함은 경멸을 낳는다'('잘 알면 무례해지기 쉽다'는 뜻의 속담 – 옮긴이)는 말이 있다. 이 말은 참일 수도 있고 아닐 수도 있지만, 친밀함이 편안함을 낳는다는 사실만은 분명하다. 두려운 어떤 일을 충분히 자주 해 보면 두려움이 사라질 뿐 아니라 그 행동을 무의식적으로 하게 된다. 일부 독자들은 위에 나온 수영이나 운전에 대해 자신 있게 이야기하지 못할 수도 있다. 이유는 간단하다. 두려움 때문에 운전이나 수영을 아예 배우지 못한 것이다. 이런 독자들에게는 어쨌든 다른 스토아의 도전을 제시하는 게 적당하겠다. 바로 그 두려움들을 상대하는 것부터 자신의 강인성 훈련을 시작하라. 운전 교습이나 수영 레슨을 받음으로써 자신의 강인성을 끌어올리라는 말이다.

편안함을 위한 불편함

강인성 훈련은 우리를 정서적으로 불편하게 만드는 일들 말고도 신체적 불편과도 관계가 있다. 우리는 한여름에 에어컨이 쌩쌩 돌아가는 실내에서 시간을 보낼 수 있음에도 불구하고 열기가 가득한 바깥에 나가는 방식으로 훈련할 수 있다. 겨울 훈련 때는 추운 바깥에서 시간을 보낼 수도 있고, 그런 날씨에 어울리지 않는 가벼운 복장을 입을 수도 있다. 나는 강인성 훈련의 일환으로 주변 사람들은 스웨터를 입고 있는 10월의 다소 쌀쌀한 날씨에 일부러 셔츠만 걸치고 밖에 나간다. 이렇게 함으로써 추위가 한창인 1월에 스웨터 하나만 걸쳐도 따뜻한 편안함을 느낄 수 있다는 걸 깨달았다. 주변 사람들은 겹겹이 옷을 껴입어도 여전히 추워 보이던데 말이다.

식단 조절도 강인성 훈련이 될 수 있다. 우리는 간식으로 주전부리를 먹지 않고, 식사량도 줄여 볼 수 있다. 허기가 느껴질 것이다. 하지만 어쩌면 이 훈련이 난생 처음으로 배고픔을 탐구할 수 있는 기회일 것이다.[3] 훈련의 결과로 우리는 아마도 몇 가지 흥미로운 사실들을 발견하게 되리라. 하나는 우리 몸이 새로운 식사법에 익숙해져서 음식을 덜 먹더라도 전에 비해 허기를 덜 느낀다는 것이다. 그러면 전에 허기라고 생각했던 느낌이 전혀 생물학적인 허기가 아니었고, 다만 지루함과 불만족이 마구 뒤섞인 일종의 심리 현상이었다고 생각될지도 모른다.

강인성 훈련의 일환이었던 식단 조절이 체중 감량이라는 눈부신 결과로 이어질 수도 있다. 또한 식사를 할 때 이전보다 훨씬 큰 만족감을 느낀다는 사실을 발견할 수도 있다.

우리의 강인성 훈련에는 운동도 있어야 한다. 운동 방식은 누구나 알다시피 우리의 나이와 건강 상태뿐 아니라, 지금 현재 얼마나 준비가 되어 있느냐에 달려 있다. 어떤 사람들은 동네 한 바퀴 걷는 일 정도, 어떤 사람들에게는 몇 킬로미터 달리기가 될 수도 있다. 운동을 하면 어느 정도 신체적으로 불편해진다는 사실을 깨닫게 될 것이다. 운동을 하고 있을 때만이 아니라 끝난 후까지도 그렇다. 남은 하루 동안 피로를 느낄 수도, 다음 날 온몸이 쑤실 수도 있다.

이 시점에서 강인성 훈련이 우리를 더 편안하게 해주기는커녕 정반대의 효과를 내고 있는 것처럼 보일지 모른다. 하지만 강인성 훈련의 목표가 계속되는 편안함 속에서 사는 것이 아님을 명심할 필요가 있다. 우리의 목표는 우리의 안락 지대를 확장하여 더 광범위한 환경에서 편안함을 유지하려는 것이다. 안락 지대를 확장하는 데는 불편이라는 비용이 따르지만 전반적으로 보면 우리가 얻는 편안함이 그 비용보다 클 것이다.

특히 우리가 운동을 충실히 한다면 운동 때문에 생긴 근육통이 사라질 뿐만 아니라 전체적으로 몸이 예전에 비해 더 편안해질 것이다. 규칙적인 운동을 하기 전에 산책을 하거나 계단을 오를 때 숨이 찼다면, 이제는 몸을 움직일 때 걸음걸이에 탄력이 붙을 것이다. 또한 훈련 덕분에 우리 몸이 그 어떤 신체적 도전과 마주하더라도 전보다 더 잘 대처할 수 있는 적절한 상태가 되었다면, 정서적으로도 안정된다는 것을 깨달을 것이다.

가난하고 단순하게

우리는 점차 강해지면서 건강상 위험이 없는 한, 운동의 강도를 높일 수 있다. 걷기 운동을 할 때 중간중간 빨리 걷거나 달릴 수 있다. 이미 달리기를 하고 있다면 총 거리를 늘리거나, 혹은 단거리에서 속도를 높일 수 있다. 마찬가지로 우리는 식단 조절에서 단식으로, 한 끼 건너뛰기에서 시작하여 하루 금식으로 훈련 강도를 높일 수 있다. 이런 훈련의 결과로 우리는 응급 상황에 대처하는 자신의 능력에 확신을 갖게 될 것이다. 특히, 예기치 못한 상황이 발생해 식사를 못하게 되더라도, 평소에 자발적으로 자주 했던 일을 단지 비자발적으로 하게 된 것뿐이니 아마도 끄떡없을 것이다.

강인성 훈련을 우리의 라이프 스타일로도 확장할 수 있다. 우리는 잠시 동안 삶의 방식을 극적으로 단순화할 수 있다. 로마에서 가장 부유한 계층에 속한 세네카는 주기적으로 '가난을 실천'하곤 했다. 그는 다른 사람들에게 "가장 검소한 음식을 아주 소량만 먹고, 거칠고 올이 성긴 옷을 입는 데 만족하면서 '이것이 우리가 두려워하곤 했던 일이던가?'라고 자문하게 될 많은 날들"을 살아봄으로써 자신의 사례를 따르라고 조언했다.[4]

세네카가 기간을 정해 가난한 사람처럼 살아보라고 권장했다면, 기아로스 섬에서의 유배 생활을 아주 잘 견뎠던 스토아 철학자 무소니우스 루푸스는(4장 참조) 우리가 늘 단순하게 살아야 한다고 생각했다. 그는 우리가 식사 시간에도 합리적인 분량의 검소한 음식에 만족하는 법을 배워야 한다고 했다. 의복 또한 검소해야 하며, 거주지를 고를 때에도 거주지의 우선적인 목적이 과도한 열기나 냉기를 차단하고 아울러 외부 날씨로부터 우리를 보호하는 데 있음을 명심할 필요가 있다고 했다. 그는 이런 욕구는 작은 동굴에서 살아도 충족될 수 있다고 덧붙였다.[5]

가난을 실천하건 그저 검소한 삶을 선택하건, 어쨌거나 우리는 자신이 활용 가능한 기쁨의 원천을 열심히 찾아야 한다. 날씨가 맑은 날이라면 하늘을 한 번 쳐다보는 일을 잊지 말라. 꼭 푸르러야 할 필요가 없는데도 하늘은 푸르다. 멋지지 않은가? 만약 실내에 있다면 우연히 쳐다본 사람들의 얼굴에 비친 환한 미소에 감사하는 일을 잊지 말라. 그런 미소는 대수롭지 않게 여기기 너무 쉽지만 아주

멋진 선물이다.

우리는 기쁨의 원천들을 모으면서 이른바 메타 기쁨이라는 것을 경험할 수 있다. 그런 것들에서 기쁨을 얻는 자신의 능력에서 기쁨을 얻을 수 있는 것이다. 세네카는 이런 현상을 잘 알고 있었다. "보리죽이나 보리 빵 부스러기와 맹물이 아주 기분 좋은 식단은 아니지만, 심지어 그런 것들로부터도 쾌락을 이끌어낼 수 있는 능력보다 더 강렬한 쾌락을 주는 것은 아무것도 없다."[6]

아이스크림을 1년에 몇 번만 먹어보라

강인성 훈련에 관한 논의를 마무리하기 전에, 몇 가지 추가로 분명히 해 둘 것이 있다. 내가 서술한 훈련 과제들이 이국적인 외래 종교 신봉자들이 수행하는 자기부정 행위처럼 들릴지 모르나, 실은 중요한 차이가 있다. 대부분의 경우 종교적 금욕은 쾌락 자체를 부인하고 스스로를 다양한 불편에 종속되게 함으로써 더 나은 내세를 경험하게 하려는 것이다. 그들은 신이 자신들의 진정성에 감명을 받아서 결국 천상의 영원성이라는 상을 주리라고 생각한다. 대조적으로 스토아주의자들은 강인성 훈련을 실천함으로써 더 나은 현세를 누릴 수 있다.

고대 스토아주의자들은 분명히 쾌락주의자들이 아니었다. 그들의 목표는 경험 가능한 쾌락의 양을 극대화하는 것이 아니라 평정심을 얻고 유지하는 것이었다. 그러나 우리가 여러 가지 철학적인 선택지들을 살펴본 끝에 스토아주의자 쪽에 합류하지 않고 대신 본격적인 쾌락주의자가 되기로 결심했다고, 즉 앞으로는 쾌락을 추구하며 살기로 했다고 스토아주의자들에게 말한다고 가정해 보라.

그때조차 스토아주의자들은 우리에게 강인성 훈련을 실행하라고 조언할 것이다. 이상하게 들릴 수도 있지만, 너무 많은 안락함을 경험하는 것은 쾌락을 경험할 수 있는 정신적인 용량을 줄이기 때문이다. 세네카의 말대로, "마음과 몸이 쾌락으로 부패하고 나면 아무것도 감내할 수 없어보인다. 그대가 겪는 일들이 힘들어서가 아니라 그대가 유약하기 때문이다."[7] 또한 강인성 훈련은 우리가 경험하는 어떤 쾌락이든 더욱 강렬하게 해줄 것이다. 만약 훈련 삼아 추운 아침에 밖에 나가 시간을 보낸다면, 안으로 들어와 느끼는 따뜻함이란 달콤하기 그지없을 것이다. 아이스크림을 매일 먹어보라. 맛있는 아이스크림이라면 그래도 만족스럽긴 할 것이다. 하지만 아이스크림을 1년에 몇 번만 먹어보라. 정말로 믿을 수 없을 만큼 맛이 좋을 것이다. 그리고 이런 맛을 모르는 사람들을 아마도 불쌍하게 여길지도 모른다. 조금만 덜 쾌락주의적이기만 했어도 이런 고차원의 쾌락을 경험할 수 있었을 텐데.

14장

함정,
큰 위험은 큰 행운에서 나온다

인생이 순조롭게 잘 풀릴 때가 있다. 좌절과 마주쳐도 쉽게 극복한다. 마땅히 세상이 늘 이래야지, 하면서 혼자 중얼거릴지도 모르겠다. 하지만 우리가 스토아의 시험이라는 측면에서 생각하면, 그런 시기들을 대할 때 우리의 감정은 복잡해질 것이다. 우리는 그런 시기가 '우리의 스토아적인 역량'을 보여줄 기회를 앗아간다고 투덜거릴 수 있다. 하지만 이런 걱정은 스토아의 모험에 나섬으로써 처리할 수 있다. 또는 우리가 그런 시기에 스토아의 신들이 무슨 함정이라도 파고 있는 게 아닐까 걱정하느라 긴장하며 보낼 수도 있다. 각별히 까다로운 스토아의 시험 무대를 차리기 위해서 사전에 이 좌절 없는 순탄한 시기를 배치한 것이라고 말이다. 이를 설명해 보겠다.

　내가 아마추어 조정 선수라는 사실은 앞서 이야기했다. 아주 훌륭하지는 않지만 그래도 열성적인 조정 선수다. 나는 마스터급에 출전하지만 이 말은 오해의 소지가 있다. 어떤 사람이 마스터급 시합에 출전하기 위해 꼭 수준급의 조정 실력을 입증해야 할 필요는 없고, 나이만 많으면 된다. 경기 수준을 평준화하기 위해 마스터급 조정 선수들은 연령에 따른 시간 핸디캡을 할당받는다. 이 글을 쓰고 있는 시점에서 나의 핸디캡은 38초이다. 이것은 어떤 '젊은' 사람, 이를테면 1000미터 경주에 출전한 28세의 어떤 선수가 나와 비기기 위해서는 연령별 시간 보정 원칙에 따라 나보다 38초 더 빨리 들어와야 한다는 의미다. 내년에는 나의 핸디캡이 40초로 늘어난다. 몹시 기다려진다.

　핸디캡 제도 때문에 결승선을 1등으로 통과한 사람이 반드시 우승한다는 보장은 없다. 연령 핸디캡 보정 시간으로 환산하기 위해서는 그들의 경과 시간(코스를 주행하는 실제 시간 - 옮긴이)에서 각 선수들의 핸디캡을 차감해야 하며, 차감한 시간 기준으로 최단 시간 내에 코스를 주파한 선수가 우승자가 된다. 따라서 매우 나이가 많은 선수가 비록 결승선을 꼴등으로 통과했다 하더라도 우승자가 될 가능성이 있다. 마찬가지로 결승선을 1등으로 통과했다고 하더라도 만약 그가 젊은 사람이라면 꼴등이 될 수도 있다.

몇 년 전에 나는 경기장에서 1000미터 경주에 출전했다. 나는 노를 잘 저었다. 내가 경주에 참가하면서 세운 계획을 잘 따랐고 큰 실수를 저지르지 않았다. 나는 게으른 빌을 성공적으로 떼어놓았다. 그는 700미터 지점에서 극적으로 등장해 거듭 애원했다. "속도를 늦춰, 제발!" 경주를 마친 후에, 나는 내 보트를 부두에 대고 트레일러로 다시 끌고 왔다. 몇 분 후 경주 결과가 경기 장소의 스피커에서 발표되었다. 내가 우승이다! 나는 금메달을 받으러 갔고 메달을 건네받았을 때 벅차오르는 성공의 쾌감을 느꼈다. 정말 끝내주는 경험이었다.

나는 메달을 자랑스럽게 목에 걸고 우리 팀의 트레일러로 돌아와 팀 동료들에게 열심히 메달을 보여주었다. 마지막 300미터에서 내가 어떻게 고군분투했는지, 그리고 마지막 다섯 번의 노 젓기에서 내 심장이 터질지도 모르겠다는 생각까지 들었는지, 나는 귀담아 들을 생각이 있는 모든 사람에게 내 우승 전략을 자세히 설명했다. 나는 그들에게 이런 말까지 했다. "좋아, 메달을 걸고 있는 내 사진을 찍고 싶다면 얼마든지 허락할게." 그때 스피커가 지지직 소리를 내면서 다시 살아났다. 스피커에서는 이전 발표에 착오가 있었다는 말이 흘러나왔다. 새로 상위 세 명이 호명되었는데, 내 이름은 없었다.

나는 무슨 일인지 알아보기 위해 기록실로 갔다. 경기 감독관들이 실수로 내게 연령 핸디캡 보정 시간을 추가로 더 주었다고 했다. 그 시간을 빼고 나자 나는 1등에서 꼴등으로 떨어졌다. 으음! 나는 정신이 아찔했지만, 그때 문득 내가 함정의 목표물이 됐구나 하는 생각이 떠올랐다.

이 책에서 검토한 좌절을 보면 스토아의 신들은 우리의 행로에 예기치 않은 걸림돌을 심어둔다. 그들이 함정을 팔 때는 우리에게 먼저 과도할 정도의 친절을 베푼다. 하지만 그것은 오로지 뒤이은 좌절의 무대를 마련하기 위해서일 뿐이다. 이번 경우에 그들은 실제로는 진 경주에서 내가 이겼다는 인식을 갖게 했다. 그렇게 함으로써 그들은 내가 뒤이어 경험할 좌절을 훨씬 더 나쁘게 만들었다. 여기에는 (스스로 자초한) 공개적인 망신은 덤이었다. 또한 내 안에 숨어 있던 스토아적 위선의 기미도 드러났다. 결국 스토아 훈련의 일환이라며 나의 경주 방법에 관해 떠들어댄 모든 이야기는 보았다시피 결국 내 우승 자랑이었던 것이다. 에고, 부끄러워라!

나는 평정심을 되찾기 위해 최선을 다했다. 메달을 돌려주고 난 후 나는 스토아의 신들이 보여준 창의성에 경의를 표하며 우리 팀의 트레일러로 돌아왔다. 나는 시간 계측 오류를 동료들에게 설명했고, 자조 섞인 유머로 분위기를 가볍게 바꾸었다. "다음번에 내가 우승하면 말이야," 나는 그들에게 말했다. "메달을 받으러 가지 않을 거야. 시간 한 번 더 재 달라고 기록실로 갈 거야."

좌절 없는 시기는 위험하다

고대 그리스인들은 함정 현상을 아주 잘 알고 있었다. 그들은 여신 네메시스(Nemesis)가 자만이라고도 알려진 극단적인 자부심과 어리석은 오만을 벌하기 좋아했다고 믿었다. 특별히 이 여신의 미움을 사는 자는 세상이 자기를 위해 잘 굴러가리라 기대할 뿐만 아니라 어쨌거나 그래야 마땅하다고 확신하는 사람들이었다. 네메시스는 그런 사람을 발견하면 지체 없이 현실로 데려올 것이다. 감히 자기가 좌절에서 면제되었다고 생각하다니! 결국 그들은 언젠가는 죽는다. 네메시스는 강력하고도 무자비했고, 이 여신의 눈을 피해 숨는 것은 불가능했다. 여신은 또한 잔인하면서도 아이러니한 함정을 파는 재주도 있었다.

네메시스는 나르시스(Narcissus)를 벌한 것으로 가장 유명하다. 나르시스는 멋진 외모 때문에 많은 숭배자들이 따랐지만 모두에게 퇴짜를 놓는 젊은이였다. 나르시스를 가장 잘 묘사할 수 있는 단어가 무엇일지 한 번 맞춰 보라. 한마디로 그는 나르시시스트적인 사람이었다. 그는 깊은 자기애에 빠졌다. 결국 네메시스가 행동에 착수했다. 여신은 웅덩이로 그를 유혹해서 물에 비친 자신의 모습을 보게 했다. 물에 비친 자신의 모습을 본 그는 자신의 미모가 너무도 강렬해서 자리를 뜰 수 없었고 결국은 굶어죽고 말았다.

또 다른 사례로, 폭군 폴리크라테스(Polycrates)는 불현듯 자기 인생이 지나치리만큼 잘 굴러가고 있다고 생각했다. 그는 이런 멋진 행운 때문에 네메시스의 눈 밖에 나서 벌을 받게 되지나 않을까 걱정했다. 여신을 달래기 위해 많은 제물을 바쳤지만, 행운도 연이어 계속되었다. 절망한 폴리크라테스는 배를 타고 바다로 나가 자기가 가장 아끼는 반지를 물속으로 던져 네메시스에게 제물로 바쳤다.

이것으로 효과가 있으리라 확신한 그는 배를 타고 궁전으로 돌아왔고 큰 축제를 거행하기로 했다. 국왕의 전속 요리사는 이번 축제에서 쓸 음식을 만들기 위해 일꾼들에게 물고기 수백 마리를 잡아오라고 했다. 요리사가 물고기를 손질하다가 가장 큰 놈의 배를 갈랐더니 폴리크라테스가 바다에서 내던진 반지가 나왔다. 폴리크라테스는 이것이 네메시스가 자신의 제물을 거절한 징표라고 생각했다. 그는 마음이 너무도 불안한 나머지 음식을 먹을 수가 없었다. 그래서 나르시스처럼 그도 괴로워하며 죽고 말았다.

로마의 스토아주의자들은 좌절 없이 보내는 시기가 선사하는 위험성을 아주 잘 알고 있었다. 세네카는 "과도한 모든 일이 해악을 불러오기는 하지만, 그중에 가장 큰 위험은 과도한 행운에서 나온다. 그것은 뇌를 부추기고 마음을 유인해, 한가로운 환상이나 즐기게 만들고 허위와 진리의 구분을 두터운 안개로 가린다."[1] 언젠가는 반드시 끝나도록 되어 있는 그런 순탄한 시기가 끝날 때, 그때 오는 좌절은 그런 기간을 앞서 겪지 않았을 때보다 훨씬 나빠 보일 것이다.

행운도 불운도, 이 또한 지나가리라

앞서 보았듯이, 고대 스토아주의자들은 기쁨이나 심지어 쾌락 같은 긍정적 감정들을 경험하는 것에 반대하지 않았다. 하지만 그들은 과도한 기쁨을 허용하지는 말라는 경고도 했다. 과도한 기쁨을 누리면 우리가 마침내 좌절을 당할 때 더욱 비참해질 수 있기 때문이다. 대신 우리는 불운을 가장 바람직하게 받아들이는 바로 그 방식대로 행운도 무난히 넘길 줄 알아야 한다. 올바르게 처신하라, 그러면 다른 사람들이 우리의 운이 좋은지 나쁜지 알아채지 못할 것이다. 명백히 나는 조정 경주에서 '우승'했을 때 이 조언을 따르지 않았다. 부끄러운 줄 알아야 한다. 그래서 나는 교훈을 얻었을까? 그러기를 희망한다. 하지만 오로지 시간만이 말해줄 것이다.

어떤 이들은 좋은 소식을 혼자 잘 간직하라는 조언을 거부할 것이다. 그런 사람들은 우리의 성공은 친구나 친척들과 나누어야 하며 그렇게 함으로써 그들의 삶에 우리의 기쁨을 나누어줄 수 있다고 확신한다. 그런 일이 일어날 수도 있겠다. 하지만 우리의 좋은 소식에 사람들이 부정적인 방식으로 반응할 수도 있다. 특히 우리가 성공의 결과로 건방져진다고 생각해 보라. 마치 원래 그렇게 되기로 되어 있던 일에 불과하다는듯 으스대면서 말이다. 만약 친구나 친척이 그런 태도를 알아차리면 비록 겉으로 티는 내지 않더라도 아마 우리가 일을 망치기를 바랄지도 모른다. 그들은 우리가 자기들보다 더 뛰어나다거나, 더 열심히 일한다거나, 더 보상받을 만하다고 생각하지 않는다. 우리는 그저 운이 좋을 뿐이고 지금 보고 있듯이 그저 자기 행운을 자랑하고 있는 것뿐이다.

성공을 떠벌리지 않았는데도 다른 사람들이 그 사실을 알게 되었다고 가정해 보라. 이런 상황에서 사회적으로 가장 안전한 반응은 자신의 성공을 행운 덕으로 돌리는 것이다. 이미 사람들은 그렇게 생각할 것이기 때문에, 이렇게 하면 그들로부터 괜한 말을 들을 일이 없다. 이것은 또한 우리의 콧대를 꺾으려는 스토아 신들의 궁극적인 시도에 그 사람들이 부지불식간에 가담할 가능성을 낮출 것이다.

6장에서 우리는 대니얼 카너먼을 만났다. 그는 아모스 트버스키와 함께 앵커링과 프레이밍에 관한 선도적인 연구를 수행한 인물이다. 2011년에 카너먼은 일반 대중에게 자신의 연구 성과를 설명하는《생각에 관한 생각》이라는 책을 썼다. 그는 이런 부류의 책을 써서 자신의 전문가적인 평판이 손상되지는 않을까 걱정했다. 교수들이란 '보통 사람들'이 이해하거나 도움을 받을 수 있는 (지금 독자들이 읽고 있는 이 책 같은) 책들은 쓰지 않기로 되어 있으니까 말이다. 그러나 그는 밀고 나갔고 책을 출판했다. 이 책은 곧 〈뉴욕타임스〉의 베스트셀러 목록에 이름을 올렸다.

당황한 카너먼은 수줍어하면서 동료들에게 그 책이 베스트셀러 목록에 오른 것은 착오였다고 설명했다. 책이 그 목록에서 군건히 자리를 지키자 카너먼은 자신의 말을 바꾸었다. 그는 사람들에게 그 책이 목록에 계속 올라 있는 이유는 오로지 〈뉴욕타임스〉가 애초에 그 책을 목록에 올린 것이 착오였음을 인정하지 않으려 하기 때문이라고 말했다.[2] 이것은 영리한 시기심 회피 전술이었다.

15장

죽음,
우리의 졸업시험

좋든 싫든 우리는 언젠가 죽는다. 따라서 스토아주의자들은 설령 우리가 지금 현재 젊고 완벽한 건강을 유지하고 있더라도 죽음에 대해 사색해야 한다고 조언한다. 어떤 식으로 사색할 수 있는지 몇 가지 방법을 탐구해 보자.

6장에서 우리는 부정적 시각화 기법을 접했다. 우리는 전형적인 시각화 연습에서 점심 식사, 가정, 배우자 같은 실제 갖고 있는 대상들을 갖고 있지 않다고 상상하고, 더 나아가 그런 상황의 시각화를 시도한다. 알다시피 우리는 그런 것들을 상실할 가능성에 대해 깊게 생각하지 않는다. 그저 간혹 생각해 보는 정도가 전부이다. 이 기법을 실행하는 전체적인 과정은 최소한의 정신적 노력이 필요할 뿐이며 오로지 몇 초의 시간밖에 걸리지 않는다. 이 기법을 사용하면 일상생활의 구성 요소들을 당연시하는 우리의 경향성이 일시적으로 억제될 것이고, 그럼으로써 우리가 어쩌다 보니 살게 된 이 삶 속에서 기쁨을 건져 올릴 수 있는 능력이 향상될 것이다.

죽음 명상을 할 때 우리는 직업이나 배우자를 잃는 문제가 아니라 자기 자신의 존재 자체를 잃는다면 어떻게 될지 상상해 보려는 노력은 할 수 있다. 하지만 이런 상상 자체는 불가능하다. 만약 내가 존재하기를 멈춘다면 죽음이라는 게 무엇인지를 경험할 수 있는 사람이 아무도 없기 때문이다. 대신 만약 내가 태어나지 않았더라면 세상이 어땠을까를 상상해 볼 수는 있지만, 혹시라도 1946년도 영화 〈멋진 인생〉에 나오는 허구적인 이류 수호천사 클래런스 아드바디(Clarence Odbody, 영화에서 아직 날개 달린 정식 천사가 되지 못했으나 선량한 주인공이 자살하지 않도록 돕는 임무를 부여받은 존재 – 옮긴이) 같은 누군가의 도움을 받지 않는 한, 그건 단지 나의 억측에 지나지 않을 것이다. 다행히도 죽음 명상에서 활용할 수 있는 부정적 시각화 기법의 다양한 변형들이 있다.

하나는 소위 마지막 순간 명상(last-time meditation)이라 부를 수 있는 것으로서, 우리는 이 명상을 통해 우리가 언젠가는 죽는 존재이기 때문에 우리가 하는 모든 일에는 마지막 순간이 있게 될 것임을 인정하게 된다. 마지막으로 전등 스위치를 켜는 순간, 마지막으로 저녁을 먹는 순간이 있을 것이다. 부모와 배우자, 자녀나 친구에게 작별을 고하는 마지막 순간도 있을 것이다. 우리는 이미 마지막으로 한 일들이 있다. 전화기 다이얼을 돌리고, 컴퓨터로 문서를 작성하고, 수학 시험을 보는 일은 아마도 다시는 일어나지 않을 것이다. 마지막으로 침대에 머리를 누일 순간과 마지막 숨을 내쉴 순간도 있을 것이다.

마지막 순간 명상을 하려면 우리는 판에 박힌 일상을 잠시 중단하고, 지금 무슨 일을 하고 있던 간에 지금이 그 일을 하는 마지막 순간일 가능성이 있다는 사실을 주기적으로 성찰해야 한다. 실제로 이 책이 독자들이 읽을 마지막 책일 희박한 가능성도 있다. 심지어 바로 이 문장이 독자들이 읽을 마지막 문장일 수도 있다. 물론 나는 독자들이 이 책의 나머지 모든 문장을 완독할 뿐만 아니라 이후로 길고도 행복한 삶을 계속 살아가기를 진심으로 바란다는 사실을 꼭 알아주기 바란다. 어쨌든 울적한 소리로 들릴 수도 있지만, 이런 마지막 순간 명상은 세상의 모든 존재에게 의미를 불어넣는 위력을 지닌다.

부정적 시각화의 또 다른 변형으로 전망적 회고(prospective retro-spection) 기법이 있다. 이 기법은 일상의 판에 박힌 일들에 매달리고 있는 우리가 주기적으로 잠시 한숨 돌리면서, 미래의 어떤 시점에서 미래의 우리가 바로 지금 이 순간으로 시간을 거슬러 여행할 수 있기를 소망하고 있을 가능성이 있다는 사실을 떠올리는 것이다. 나는 지금 저녁 식사를 차리기 위해 음식 재료를 사러 식료품점으로 차를 몰고 가는 것과 같은 지극히 세속적인 무언가를 하고 있을 수 있다. 하지만 아주 오래 산다면, 어느 날 이 더없이 단조로운 일을 다시 할 수 있기를 소망하는 내 자신을 발견할 수도 있다.

수십 년 동안 우리가 성공적으로 죽음을 모면했고, 결국에는 자녀들이 우리를 요양원에 보냈다고 가정해 보라. 그곳 휴게실에 앉아 저 멀리 구석에 요란하게 떠들고 있는 텔레비전을 쳐다보면서, 우리는 너끈히 차를 몰고 다녔고 식사도 직접 준비할 수 있을 만큼 건강이 괜찮았던, 그야말로 좋았던 옛 시절을 동경하게 될지도 모른다. 그 시절은 마치 꿈속 세상 같을 것이다. 전망적 회고 기법으로 우리는 지금 현재 자기가 사실상 무슨 일을 하고 있던 간에 내 미래의 자아가 꿈같은 세상이라며 부러워할 삶을 살고 있을 가능성이 꽤 높다는 것을 스스로에게 간단히 일깨울 수 있다. 부디 꿈처럼 살고 있는 지금의 삶을 마음껏 즐기기를!

어떤 사람들은 인간의 유한성에 대한 명상을 죽음에 대한 병적인 강박관념의 징후들로 해석할 수도 있다. 그러나 스토아주의자들은 정반대로 주장할 것이다. 그런 명상을 수행할 때 우리는 죽음에 매달리고 있는 것이 아니다. 이런 수행들은 순간적인 즉흥 연습으로서 우리를 울적하게 하는 게 아니라, 신기할 정도로 우리의 생기를 북돋아줄 수 있다.

많은 사람들은 판에 박힌 일상의 삶을 지루해하거나 아예 진저리를 내기까지 한다. 이것은 불행한 일이다. 진저리 나는 나날들로 가득 찬 인생은 결국은 진저리 나는 인생으로 종지부를 찍을 테니까. 부정적 시각화와 그 변형 기법들을 실행함으로써 우리는 단지 인생의 순간순간을 참아내는 것이 아니라, 그 순간순간을 가능한 최대로 음미할 수 있는 기회를 늘릴 수 있고, 그럼으로써 우리의 인생이 선사하는 모든 기쁨을 모조리 얻을 수 있다. 우리는 단지 할당된 나날들을 뭉개 없애는 대신에, 이 인생을 포용하고 축하할 수도 있다.

스토아주의자들은 심지어 우리가 언젠가 죽는다는 사실이 행운이라고까지 주장한다. 만약 우리가 불멸의 존재이고 그런 사실을 알고 있다 치면, 우리는 인생의 나날들이 그저 당연히 주어진다고 여기기 쉽다. 오늘 하루를 낭비했다고? 걱정할 필요 없어, 불멸의 존재인 우리에게는 언제든 내일이 있을 테니까. 하지만 우리가 유한한 존재임을 인정한다면, 우리가 사는 하루는 우리 삶의 총 일수가 저축된 인생 은행에서 인출한 하루임을 뼈저리게 인식하게 될 것이다. 대부분의 상황에서 우리는 도대체 그 은행에 며칠이 저축되어 있는지 알지 못한다. 잔고가 단 하루밖에 안 남았을 수도 있다. 그렇다면 오늘은 우리가 살아 있는 마지막 날일 것이다. 25500

일일 수도 있다. 그렇다면 앞으로 더 살아야 할 70년의 세월이 남아 있는 것이다. 어쨌거나 우리에게 주어진 날들은 유한하고, 그만큼 하루하루는 귀중하다. 그러니 하루하루를 낭비하는 건 어리석은 짓이다.

우리는 죽는다

우리가 아주 어렸을 때는 자신의 죽음에 대해 생각하지 않았다. 그때에는 아마도 애완동물, 이웃, 친척 등의 죽음을 보면서 어떤 존재들은 죽는다는 사실을 깨달았을 것이다. 시간이 흐르면서 우리는 우리 자신도 죽는다고 생각을 했겠지만, 죽음에 대한 우리의 이해는 그저 불투명하고 이론적인 수준이었을 것이다. 그렇다, 우리는 죽는다. 하지만 그것은 먼 미래의 어느 시점에 있게 될 일이며, 아마도 수십 년은 더 지나야 할 것이다. 우리는 이렇게 생각하며 죽음이라는 개념을 우리 마음 저 뒤편에 있는 어느 옷장 하나에 그냥 처박아두었다.

어떤 사람들은 자신의 죽음에 대해 그다지 깊게 생각하지 않는다. 그들은 이전에 수천 번 했던 대로 젊고 건강하게 잠자리에 들고, 오로지 그렇게 자는 동안에만 죽는다. 하지만 대부분의 사람들은 불가피하게 인생의 어느 시점에서 자신의 유한성과 대면한다. 주치의를 찾아가 췌장암이 많이 진행되어 고작 1년 정도 생존하리라는 것을 알게 될 수 있다. 혹은 치열한 전쟁터에서 총에 맞아 출혈이 심해서 앞으로 고작 몇 분밖에 살 수 없다는 사실을 알게 될 수도 있다.

어린 시절 우리가 동물이나 사람이 죽는다는 사실을 인식했을 때, 부모들은 아마도 죽음에 관해 어린이들의 눈높이에 맞춰 설명했을 것이다. 부모들은 우리 집 강아지가 죽으면 더 이상 존재하지 않는 것이 아니라 천국으로 가게 되며, 그곳에서 아주 행복하게 지내게 된다고 말해 주었을 것이다. 죽은 친척이나 이웃에 대해서도 똑같다. 그래서 우리는 우리가 마침내 천국에서 그들과 재회했을 때 우리 할머니가 무릎에 강아지를 앉혀 놓고 있는 광경을 보게 될 수도 있다고 생각했다. 멋지지 않은가?

많은 사람들은 죽음에 대한 이 유아기 때의 인식에서 정말로 단 한 발짝도 나아가지 않는데, 왜 그런지 이해하기란 어렵지 않다. 천국에 대한 믿음은 죽음에서 쓰라림을 제거할 뿐만 아니라 잠재적으로는 죽음을 갈망할 만한 무언가로 여기게 한다. 결국 우리는 앞서 세상을 떠난, 우리가 사랑하는 모든 이를 천국에서 만나게 될 것이다. 또한 우리의 인생도 다시 시작하게 되리라. 그리고 천국은 영원하기 때문에 이 두 번째 인생에서 우리는 개나 사랑하는 사람들이나 가장 중요한 자신의 죽음을 두려워하며 살아야 할 필요가 없다. 이보다 더 좋은 일이 또 있을까?

천국에서의 삶에 대해 몇 가지 중요한 의문들이 떠오른다. 우리가 지상에서 임종을 맞이한 후에도 삶이 지속되리라는 증거는 극히 빈약하긴 하지만, 그래도 어쨌든 죽은 이후에도 또다른 삶이 있다고 치자. 그 삶은 천국이 아니라 지옥에서 보내는 삶으로 귀착될 수도 있다. 설령 내가 천국에 오르기 위해 신앙에 따라 필요한 모든 일을 다 한 독실한 가톨릭 신자라 하더라도, 아니 아예 교황 본인이라 하더라도, 전 세계 18억 무슬림들이 옳았고 따라서 그간 해왔던 모든 활동이 내게는 그저 시간 낭비였던 것으로 밝혀질지도 모를 일이다. 거꾸로 내가 잔나(Jannah, 이슬람교에서 알라가 신자를 위하여 사후에 심판을 받고 들어갈 수 있도록 약속한 영원한 낙원 – 옮긴이)에 들어가기 위해 해야 할 모든 일을 다 한 독실한 무슬림이라 해도 전 세계 12억 가톨릭 신자들이 옳았던 것으로 판명날 수도 있으며, 그럴 경우 내게는 아주 안 좋은 일일 것이다.

어쨌거나 우리가 천국에 간다고 가정하자. 앞서 보았듯이 우리가 그 후로 천국에서 영원히 행복할지는 분명치 않다. 왜냐하면 실제로 우리가 지금 갖고 있는 건 뭐든지 그냥 당연시하는 이승에서의 성향을 그대로 유지한다면 그리 오래지 않아 천국에서의 삶도 그냥 당연시할 수 있고, 천국에서의 삶에 대해서도 금방 불평을 터트릴 테니까.

이따금 사람들에게 이런 이야기를 하면 그들은 죽어서 새 사람이 될 것이고 그래서 천국의 삶에 매우 만족할 것이라고 대꾸하곤 한다. 나는 그들에게 다시 질문을 던져본다. 만족할 줄 아는 힘을 갖고 있다면 어째서 아직 살아 있는 지금 사용하지 않는가, 그 힘을 발휘하여 이승의 삶을 천국의 삶에 더 가깝게 만드는 것이 옳지 않을까?

인생의 마지막 시험

우리가 언제 어떻게 죽을지에 관한 정보를 얻게 되었다고 가정해 보라. 그 정보로 무엇을 할 것인가? 스토아주의자라면 이 질문에 답하는 데 아무런 어려움이 없을 것이다. 스토아주의자가 인생의 최우선적인 목표로 삼는 것은 평정심을 얻고 유지하는 것이기 때문에 불안, 분노, 공포, 후회 같은 부정적 감정들을 경험하는 데에는 가급적 최소한의 시간만을 소모할 것이다. 그는 인생이 우리에게 줄 기쁨의 원천들을 최선을 다해 끌어안을 것이다.

동시에 스토아주의자는 훌륭한 죽음을 맞이하는 일을 아주 어렵게 하는 걸림돌이 생겨날 수도 있음을 깨달을 것이다. 그런 걸림돌 중 하나가 바로 극심한 통증이다. 스토아주의자는 부정적 감정들을 막아내는 일에 아주 익숙할 것이고, 막는 데 실패했다면 그런 감정들에 대처하는 일에도 익숙할 것이다. 하지만 통증은 감각이지 감정이 아니다. 그리고 심각한 통증이라면 그의 이성적인 추론 능력을 손상시킬 수 있고, 그럼으로써 그는 스토아의 신들이 인생의 도전들에 대처하라고 준 도구들을 잃어버릴 수 있다. 인생 후반기에 찾아오는 치매 같은 질병도 마찬가지로 그의 추론 능력을 앗아갈 수 있고, 결과적으로 지금껏 매우 훌륭했던 그의 삶이 불운하게 끝날 수도 있다.

죽을 때까지 평온을 유지한다는 목표는 현명해 보이긴 하지만, 도대체 우리가 그 목표를 어떻게 성취한단 말인가? 우리는 다시 한번 스토아의 시험 전략을 사용할 수 있다. 단, 이번에는 우리가 대처해야 할 도전이 우리의 휴대전화나 직업이나 자유의 상실이 아니라, 바로 삶 자체를 상실하는 일이다. 우리는 이 시험을 스토아 졸업시험이라고 생각할 수 있다. 이전의 모든 스토아 시험들은 바로 이시험을 위한 예비 시험이었던 셈이다. 7장에서 우리는 프레이밍을 사용해 일상의 좌절을 더 참아낼 만한 것으로 바꿀 수 있는 방법을 살펴보았다. 마찬가지로 생을 떠나는 우리의 행로가 더욱 편안해지도록 프레이밍을 활용할 수 있다.

다른 모든 스토아의 시험처럼 우리가 치를 스토아의 졸업 시험에도 두 가지 요소가 있다. 첫째는 좌절에 대한 해결 방안을 찾는 것이다. 만약 암 진단을 받았다면 혹시 모르니 다른 의사의 의견도 들어봐야 할 것이고, 실험적인 치료법들을 찾아보기도 해야 한다. 마찬가지로 전쟁터에서 부상을 입었다면 구조대가 도착하기 전까지 최선을 다해 혈액 손실을 늦춰야 한다. 이때 침착성과 집중력을 가능한 한 최대로 유지하는 것이 중요하다.

하지만 이런 노력이 그리 성공적이지 않았다고 가정해 보자. 우리는 죽음이 임박했고 피할 수도 없다고 결론 내린다. 그럴 때 우리는 다른 과제로 관심을 돌려야 한다. 바로 최선의 죽음을 맞이한다는 과제다. 바로 이때가 그간의 스토아의 훈련이 빛을 발할 시점이다.

다시 한 번 내가 이번 장의 전반부에서 논의했던 마지막 순간 명상을 생각해 보라. 마침내 죽음이 찾아왔다는 생각이 들 때, 우리는 죽음을 평범한 일상의 일부로 받아들이는 자신의 모습을 발견할 수 있을 것이다. 우리는 지금 나누고 있는 대화, 지금 먹고 있는 음식, 지금 나누고 있는 입맞춤이 마지막일 수도 있음을 절실히 깨달을 것이다. 따라서 그 일들은 특별한 의미를 갖게 될 것이다. 역설적이게도 우리는 죽어갈 때 오히려 이전 그 어느 때보다 더 생생하게 살아 있게 될 가능성이 있다. 예상되는 죽음으로 우리는 삶이 얼마나 아름답고 얼마나 멋진 것인지를 마침내 완전히 깨달을 것이다.

훌륭한 죽음을 맞이하려면 통제할 수 없는 일들을 걱정하지 말라는 스토아의 원칙을 명심해야 한다. 그런 걱정은 어떤 상황에서도 시간 낭비이지만, 더군다나 죽음이 가까웠을 때 걱정하는 것은 조금밖에 남아 있지 않은 실로 귀중한 시간을 낭비하는 꼴이 될 것이다. 다가온 죽음에 맞서 싸우기보다는 그것을 포용할 필요가 있다. 연로한 많은 사람들은 이를 본능적으로 실감하며 주위 사람들에게 이제는 자신이 떠날 시간임을 알려 준다.

스토아주의의 또 다른 중점 원칙은 우리가 사회적으로 쓸모가 있어야 한다는 것이다. 우리는 주변 사람들이 더 나은 삶을 사는 데 도움이 되도록 자기가 할 수 있는 일들을 해야 한다. 스토아주의자라면 자신의 죽음이 다른 사람들에게 각자 삶의 방식을 되돌아보게 하는 멋진 기회가 되리란 사실을 알 것이다. 스토아주의자는 오직 단 한 번뿐인 인생에서 우리에게 기쁨을 누릴 수 있는 능력이 있는데도 굳이 비참해하며 시간을 흘려보내는 것은 어리석은 짓이라고 주변 사람들을 일깨워 줄 수 있다. 그리고 그 스토아주의자는 동시에 자기 인생의 마지막 나날 동안 사람들 앞에서 훌륭한 죽음을 맞이하는 것이 무슨 의미인지를 몸소 증명할 수 있다.

인생은 한 편의 소설 쓰기다

세 가지 사례를 고려하며 죽음에 관한 논의를 마치도록 하자. 1996년에 심리학자 아모스 트버스키는 자신이 전이성 흑색종으로 죽어가고 있다는 사실을 알게 되었다. 그는 평소대로 일상의 삶을 계속 이어갔고, 그를 만난 대부분의 사람들은 그의 건강 상태를 알아채지 못했다. 그는 오래지 않아 59세의 나이로 죽었다. 그는 자신의 임박한 죽음에 관해 논의하던 중 친구에게 이렇게 말했다. "인생은 한 권의 책이야. 그 책이 짧다는 사실이 안 좋은 책이라는 걸 의미하지는 않아. 그건 아주 좋은 책이었어."[1]

트버스키는 자연스러운 죽음을 맞이했지만, 만약 그가 자신의 삶을 빠르고 고통 없이 끝내는 쪽을 선택했다면 그런 약물을 복용했을 수도 있다. 고대의 스토아주의자들이라면 아마도 그런 선택을 이해했을 것이다. 그들은 어떤 상황에서는 자살이 단지 도덕적으로 수용할 수 있을 만한 정도가 아니라 오히려 사리에 맞는 선택일 수도 있다고 여겼다. 예를 들어 세네카는 신이 우리에게 자신의 생각을 설명하는 모습을 상상했다. "내가 만든 것 중에 죽음이 가장 쉽다. 나는 생명을 내리막 경사 위에 올려놓았다. 설령 생명이 오래 가더라도 그저 관찰만 해 보라. 그러면 자유로 이어지는 그 통로가 얼마나 짧고 얼마나 편한지 알게 되리라."[2] 그러니 죽음은 우리의 스토아 졸업 시험에서 쉬운 부분이다. 이렇게 생각하면 우리는 평정심을 유지할 수 있다. 한마디 더 보태자면, 스토아주의자들은 삶을 지속하여 타인에게 도움이 될 수 있는 경우에 저지르는 자살은 비겁한 행동으로 간주했을 것이다.

트버스키의 '인생은 책이다'라는 비유를 조금 더 발전시켜 보자. 우리가 인생을 산다는 것은 허구와 진실이 흥미진진하게 뒤섞인 한 편의 소설을 쓰는 것과 같다. 우리는 지나간 하루의 사건들을 매일 원고에 보탠다. 우리는 소설의 주인공인 나 자신의 생각, 발언, 행동 등에 상당한 창조성을 발휘할 수 있다. 주인공은 자기가 할 수 있는 일이라면 실제로 무엇이든 할 수 있다. 하지만 이 소설의 다른 측면들은 전적으로 현실적이어야 한다. 오늘날의 실제 세계를 반영해야 하며, 소설의 등장인물들은 주인공의 행위에 대해 현실 세계에서 실존 인물들이 반응하는 것과 똑같이 반응해야 한다.

이런 세부 조건을 만족하는 소설을 쓴다는 것도 충분히 도전적인 일이겠지만 문제를 더 복잡하게 하는 요인도 있다. 우리의 편집자가 마감 시한을 정해 주지 않는다는 것이다. 이 편집자는 자기가 원하는 때에 언제든 우리의 원고를 다운로드해 출판할 수 있다. 어쩌면 내일 당장 할 수도 있고, 아니면 수십 년을 기다려 줄 수도 있다. 달리 말해 이 소설의 마감 시한은 말 그대로 우리 인생의 마감 시한을 정확히 닮게 될 것이다.

이런 상황에서 우리의 목표는 편집자가 우리의 소설을 언제 출판해도 문제가 안 되도록 완결시키는 것이어야 한다. 아니, 적어도 인간으로서 할 수 있는 만큼 최대한 완결시켜야 한다. 이야기의 어떤 부분들은 미해결로 남을 테지만, 중요한 일이라면 어떤 것도 미결된 채로 남지 않아야 한다. 특히 우리를 도왔던 사람들에게 감사를 표해야 할 것이고, 우리가 사랑한 사람들에게는 그 사랑을 알려야 할 것이다. 줄거리에 관한 한 설령 바꿀 수 있는 능력이 있다고 하더라도 실제로 바꾸고 싶을 부분은 극히 적어야 할 것이다. 그게 다 우리가 내린 선택들이기도 하지만, 더 중요하게는 우리는 우리가 어떤 삶을 살았든 그것을 포용해야 하기 때문이다.

죽음에 대한 접근법

우리는 죽음을 시험 프레임에 넣지 않고 모험으로 프레이밍할 수도 있다. 실제 우리 인생 최후의 모험이자 많은 측면에서 우리 인생의 가장 위대한 모험으로 프레이밍하는 것이다. 그렇게 한다면 우리는 두려움에 떨면서가 아니라 대신 기대감을 갖고 죽음에 다가갈 수가 있다. 이상한 소리로 들리리라는 걸 안다. 하지만 고대의 스토아 철학자 율리우스 카누스(Julius Canus)는 바로 그렇게 하는데에 확실히 성공한 인물이다.

로마 황제 칼리굴라(Caligula)는 재위 중에 하찮은 이유를 들어 수많은 사람들을 처형했다. 카누스도 그렇게 처형된 이들 중 한 명이었다. 백인대장이 처형장으로 데려가기 위해 카누스를 찾아왔을 때, 그는 다른 죄수와 보드게임을 하고 있었다. 그는 끌려가 죽는 것 때문이 아니라 게임을 다 마치지 못하게 막은 것에 불평을 터뜨렸다. 그는 백인대장에게 저 자가 나중에 자기가 이 게임을 이겼다고 주장하더라도 그 말을 믿지 말라고 말했다. 왜냐하면 백인대장이 왔던 시점에 카누스가 말 하나를 앞서고 있었기 때문이었다.[3] 어쩌면 이런 행동은 그의 허세를 다소 드러낸 것이라고 볼 수도 있겠으나, 2000년도 더 지난 지금에 와서 보더라도 여전히 인상적인 철학 극장의 명장면이다.

그러면 카누스는 어떻게 임박한 자신의 죽음에서 쓰라림을 그렇게 많이 덜어내는 데 성공했을까? 그는 죽음을 모험으로 간주했다. 처형 직전에 누군가가 지금 무슨 생각을 하는지 물었다. 그는 죽음의 순간을 관찰할 준비를 하고 있다고 답했다. 그는 과연 자기 정신이 육체를 떠나는 장면을 목격했을까? 비록 죽음은 그의 미래를 앗아간 치명적인 좌절이었지만, 그는 그런 데서도 가치를 찾아내어 죽음에 한 줄기 환한 빛을 비추는 방법을 발견했다.

미국 시인 메리 올리버(Mary Oliver)는 퓰리처상과 전미도서상을 둘 다 수상한 인물이다. 그녀는 〈죽음이 찾아올 때(When Death Comes)〉라는 시에서 죽음이 다가오는 순간을 카누스와 비슷한 방식으로 표현한다. 그녀는 "어깨뼈 사이로 다가오는 빙산"처럼 죽음이 찾아와 어떻게든 뭔가 해보기에는 이미 너무 늦어버린 상황에서 자기가 단지 이 세상에 잠시 들른 방문자에 불과하다는 사실을 실감하고 싶지는 않다고 우리에게 말한다. 그녀는 탄식하거나 무서워하거나 절규하며 삶을 끝내고 싶지는 않다. 대신 자신이 "놀라움과 결혼한 신부"의 역할로 일생을 살아온 그녀는 신기한 것들로 가득 차 있을 저 "어둠의 오두막"으로 들어가길 원한다. 올리버가 알았건 아니건, 그녀의 접근법은 삶과 죽음에 대한 스토아주의자의 접근법과 같다.

세네카의 졸업식

고대 로마의 스토아주의자들 중에서 이 책에서 가장 비중 있는 역할을 맡은 인물은 세네카였다. 그는 좌절에 대해서만이 아니라 죽음에 대해서도 많은 통찰을 보여주었다. 그래서 그의 죽음을 묘사하는 것으로 이번 장을 마무리하기로 하자.

알다시피 스토아주의자들은 당대의 권력자들과 갈등을 빚는 경향이 있었다. 파코니우스 아그리파누스는 추방되었고, 카누스는 처형되었고, 무소니우스 루푸스는 한 번이 아닌 두 번이나 유배형에 처해졌다. 세네카 또한 곤경에 처했다. 클라우디우스(Claudius) 황제는 간통죄를 저질렀다는 (추정상의) 이유로 세네카에게 사형을 언도했다. 사형 선고는 코르시카 섬 유배로 감경되었다. 세네카가 유배지에서 돌아왔을 때의 황제는 네로였고 세네카는 네로 황제의 주요한 조언자 중 한 명이 되었다. 하지만 네로는 변덕스러워졌고 나중에는 세네카에게 (추정상의) 역모 죄를 물어서 사형을 선고했다.

세네카는 자결과 사형 중에서 선택해야 했다. 그는 전자를 택했다. 그의 마지막 순간에 가족과 친구들이 입회했다. 그들 중 몇몇이 눈물을 흘리자 그는 지금이 바로 스토아주의를 아주 유용하게 활용할 시점인데도 불구하고 그들이 스토아주의를 포기했다며 꾸짖었다. 그는 아내를 품에 안고 팔의 정맥을 베었다. 하지만 죽지 않았다. 연로하고 병약했기 때문에 피가 너무 천천히 흘러나왔던 것이다. 다음엔 다리의 동맥을 베었지만 여전히 죽지 않았다. 그는 독약을 요청해 마셨지만 역시 바라던 효과는 나오지 않았다. 마침내 그는 증기탕으로 옮겨졌고 거기서 생과 이별했다. 그러는 내내 그는 자신의 스토아적인 원칙에 어긋남이 없었다.

만약 스토아의 신들이 보고 있었다면 틀림없이 그를 위해 눈물을 흘렸을 것이다. 결국 그들 자신도 스토아주의자들이었으니, 아마도 그들은 세네카가 생을 졸업하면서 보여준 장엄한 모습을 대단히 높게 평가했을 것이다.

에필로그

공항에서
또 다른 어느 날

이 책을 공항 이야기로 시작했으니 다시 공항 이야기로 끝맺을 생각이다. 2017년 초에 나의 스토아주의 연구와 관련된 일련의 길고도 설마 했던 사건들이 얽히고설킨 결과로 프랑스의 문화부 장관이 루브르 박물관의 한 전시 개장일에 참석해 달라고 나를 초청하기에 이르렀다. 일생의 단 한 번인 기회였을 뿐 아니라 모험이기도 했기에 나는 그 초청을 수락했다.

아내와 나는 애틀랜타로 날아갔고 거기서 주말로 예정된 루브르 박물관 행사를 위해서 야간 비행기로 갈아탔다. 다음 날 아침 프랑스 상공에서 도착 준비를 하면서 나는 여권이 잘 있나 더듬어 보았다. 하지만 내가 넣어두었다고 생각한 데에 여권이 없었다. 옷의 주머니, 들고 탄 손가방, 내가 앉은 자리, 그리고 내 자리의 주변까지 세 번씩이나 확인을 했지만 여권은 나오지 않았다. 뭔가를 샅샅이 뒤지고 있는 내 모습을 목격한 승무원이 무슨 일인지 물었다. 내가 여권을 잃어버렸다고 하자 그녀가 말했다. "걱정하지 마세요. 이런 일은 항상 일어나니까요. 여권은 여기 어딘가에 있을 겁니다." 그녀는 수색을 시작했으나 중단해야 했다. 우리 비행기가 마지막 하강을 시작했기 때문이었다. 그녀는 비행기가 착륙한 후에 샅샅이 찾아보자고 말했다.

다른 승객들이 다 내린 후에 그 승무원은 본격적으로 수색을 시작했다. 그녀는 심지어 내가 앉았던 비행기 좌석을 일부 분해하기까지 했지만 소용이 없었다. 이 시점에서 또 한 명의 승무원이 나가다 돌아와 상황을 보고는 말했다. "걱정하지 마세요. 제가 찾아드리겠습니다." 그녀는 내게 (다시) 주머니들을 비워 보라고 했다. 그녀는 내가 옷 안에 안심 벨트를 착용하고 있는지 물었다. "거긴 벌써 확인해 보았어요." 내가 말했다. "다시 한 번 보시죠." 그녀가 대답했다. 나는 어색하게 그것을 끄집어냈다. 여권은 없었다.

이때쯤, 네 명의 다른 승무원들이 수색에 합류했다. 그들은 여기저기를 뒤지면서 여러 가지 제안을 내놓았고, 이 비행기의 조종사마저 다가와서 나름의 제안을 내놓았다. 나는 깜짝 놀랐고 이렇게 많은 사람들의 주목을 받는 대상이 되어 당혹스러웠다. 결국 나는 여권 없이 비행기에서 내려서 근처에서 대기하는 것으로 결론이 났다. 그들은 지상 근무자들이 비행기를 아주 철저하게 청소할 것이며 만약 여권이 기내에 있다면 틀림없이 찾게 될 것이라고 설명했다.

그들은 찾지 못했다. 이 시점에서 나는 스토아의 신들이 저지른 짓임을 알아챘다. 이건 시험이구나!

프랑스산 최상급 샴페인 같은 좌절

여권이 그냥 사라지지는 않는다. 나는 애틀랜타 공항 탑승구에서 여권을 보여주었고 이동식 탑승교를 지나 비행기 좌석에 앉았다. 아마도 그 사이 어딘가에서 내가 여권을 떨어뜨렸고, 내 뒤에 있던 누군가가 그것을 주워 어디에 팔아먹을 심산으로 자기 주머니에 넣은 것 같았다. 인터넷을 돌아다녀 보면 암거래 시장에서 여권이 좋은 가격에 팔린다는 것을 알 수 있다.

이 시점에서 공항 직원이 나를 공항 경찰서까지 안내해 주었고 내 여권 문제는 거기서 '해결될' 참이었다. 그는 자기가 미국 대사관에 연락을 취했고 거기서 나를 도와줄 누군가를 보내주기로 했다고 말했다. 마침내 대사관 직원이 경찰서에 도착했고 그는 내가 하필 정말 나쁜 시기에 여권을 잃어버렸다고 귀띔해주었다. 최근에 당선된 도널드 트럼프(Donald Trump) 대통령의 지시에 따라 미국은 수많은 다른 나라 시민들의 입국을 거부했고, 그로 인해 다른 나라 외무부서들에는 시간외 일거리들이 잔뜩 생겨나고 있었다. 결과적으로 프랑스 사람들에게는 내 사례가 '보복적인' 의사표시의 일환으로 활용할 매우 좋은 기회가 될 것이다. 대사관 직원은 경찰 측이 통역사를 대동해 내게 질문을 던질 것이며, 내가 단지 공손해야 할 뿐만 아니라 매우, 아주 매우 공손해야 한다고 설명해 주었다.

뒤이어 나를 심문한 경찰관은 굳이 엉덩이에 권총을 차고 다니지 않아도 얼마든지 위압적이었다. 나는 통역사를 통해 그에게 내 사정을 전하면서 루브르에서 개최되는 행사에 참석하기 위해 프랑스 문화부 장관의 초청을 받았다고 설명하고, 초청장을 꺼내서 그에게 보여주기까지 했다. 나는 그 초청장이 잠겨 있는 파리 행 통로의 출입문을 열어 줄 열쇠가 되리라고 혼자 상상했던 것이다. 그는 초청장을 흘긋 쳐다보더니 그건 "그냥 한 장의 종이일 뿐"이라며 냉소적으로 응답했다. 그러더니 그는 내게 일곱 장의 각기 다른 문서에 서명하라고 했다. 모두 프랑스어로 된 문서들이었다. 내 프랑스어는 아주 초보적인 수준이어서 나는 통역사에게 문서 내용을 번역해 달라고 부탁했다. 통역사는 이것은 그저 "통상적인 서류 작업"이며 반드시 서명을 해야 한다고 했다. 그래서 나는 문서에 기꺼이 서명하면 매우, 아주 매우 공손해 보이리라 생각하고 서명을 했다.

경찰관은 문서들을 챙겨서 더 높은 사람과 의논하기 위해 자리를 떴다. 10분 정도 지난 후 그가 잔뜩 찌푸린 얼굴로 돌아왔다. 나는 최악의 상황을 예상했으나, 웬걸 그는 프랑스 입국 허가가 떨어졌고 다만 최대한 빨리 여권을 재발급 받아야 한다고 알려 주었다. 나는 "아무것도 아닌" 루브르 초청장 때문에 나를 추방하면 그냥 들여보내는 것보다 어쩌면 더 골치 아파질지 모른다고 그의 상관이 주판을 굴리지 않았을까 추측해 보았다. 어쨌든 그는 나를 들여보내 주었다.

내 아내는 심문이 진행되는 동안에 나와 함께 있을 수 없었다. 나는 아내를 다시 만나 무슨 일이 벌어졌는지 말해 주었고 내가 서명한 문서들 사본을 보여 주었다. 나보다 프랑스어 실력이 훨씬 더 좋은 아내는 문서들을 쭉 훑어보더니 설령 저들이 나를 추방할 필요가 있다고 생각했다손 치더라도 어쨌든 내가 배가 아니라 비행기로 강제 추방당하겠다고 선택한 것은 현명한 판단이었다고 했다. 내가 그런 선택을 했을 줄이야!

내가 파리에 도착한 것은 토요일이었고, 그래서 미국 대사관에 임시 여권을 신청하려면 월요일까지 기다려야 했다. 월요일이 되어 아내와 내가 대사관을 찾아갔으나 하필 이날이 본국의 기념일인 '대통령의 날'이어서 대사관이 문을 닫았다. 좌절, 그 안에 또 하나의 좌절이로군. 나는 생각했다. 얼마나 창의적인가!

우리는 다음 날 아침 다시 찾아가 줄을 섰다. 대사관이 전날 문을 닫았던 관계로 평소보다 줄이 두 배나 길었다. (이것은 좌절 안에 또 하나의 좌절이 야기한 또 하나의 좌절이라 묘사할 수 있겠다. 스토아의 신들이 이번 건에 관한 한 확실히 초과근무를 뛰고 있다!) 나처럼 여권 문제로 온 사람들도 있었다. 당시 나는 바로 이 책을 쓰기 위해 자료 수집을 하고 있던 중이었다. 지금이 사람들이 좌절에 어떻게 대처하는지 알아볼 수 있는 절호의 기회라는 생각이 들어서, 나는 아내에게 우리 자리를 잘 지키라고 하고는 이리저리 돌아다니면서 사람들에게 어쩌다 여기에 왔는지 물었다.

모든 이가 저마다 하소연하고픈 좌절담이 있었다. 어떤 이는 여권을 잃어버렸고, 어떤 이는 도둑맞았고, 또 어떤 이는 프랑스에 너무 오래 머문 바람에 여권이 만료되었다. 사람들의 이야기를 들으면서 나는 그들이 좌절의 여파 속에서 얼마나 잘 처신하고 있었는지 진단해 보고자 했다. 예상대로 많은 이들이 화를 냈고 남의 탓을 했지만, 그래도 또 어떤 사람들은 멋지게 제자리로 돌아온 것처럼 보였다.

나는 대체 여권을 수령했고 우리 부부는 그날 오후 집으로 돌아오는 비행기에 탔다. 스토아의 시험이 마무리된 것처럼 보여서 나는 내 성적에 평점을 매겼다. 나는 이 소소한 사건에 '시험'이라는 프레임을 씌웠기 때문에 아주 약간의 절망만을 경험했고 분노는 전혀 느끼지 않았다. 내 감정 상태는 점점 빠져들어 가는 매혹(과연 스토아의 신들이 다음엔 무슨 일을 저지를까?)과 이 시험의 온갖 우여곡절이 가져다 준 재미가 뒤섞여 있었다고 묘사하는 게 가장 적절하겠다. 나는 잠깐 동안 벌어진 그 많은 일들에 그저 웃음으로 응대했다. 달리 뭘 할 수 있었을까.

스토아의 시험 전략으로 좌절에 대응하는 것을 내 실천 과제로 삼은 덕택에, 나는 내 자신이 좌절을 단지 인생의 불행한 측면으로만 여겼던 사람에서 좌절을 연구하고 좌절에 감사해하는 사람으로 변했구나라는 생각이 들었다. 다른 말로 하면 나는 좌절 감별사가 된 것이었고, 그래서 나는 방금 겪은 그 작은 사건은 프랑스산 최상급 샴페인에 맞먹는 좌절이었다고 결론 내렸다.

나는 이런 시험을 고안한 스토아 신들의 창의성에 모자를 벗어 경의를 표했다. 조종사까지 내게 와서 말을 걸다니, 그야말로 멋진 솜씨였다. 내가 대사관에 갔던 바로 그날에 대사관 문을 닫게 한 것도 그렇지만! 나는 또한 신들이 이런 방식의 시험이라는 좋은 선물을 보내 준 것에 대해서도 감사했다. 이것은 나의 스토아적인 소질을 과시할 수 있는 기회였을 뿐만 아니라, 그들이 내게 어디 가서 떠들 만한 좌절담을 별로 힘을 들이지 않고 건넨 것이기도 했다. 그것도 꽤나 훌륭한 녀석으로 말이다. 그렇지 않은가?

감사의 글

이 기회를 빌어서 내가 이 책의 집필에 매진할 수 있도록 강의 부담을 줄여준 라이트 주립대학교(Wright State University) 측에 감사의 마음을 전하고 싶다. 또한 이 책의 거처를 마련해준 자일스 앤더슨(Giles Anderson)과 유용한 안내를 해 준 W. W. 노튼 출판사의 쿠인 도(Quynh Do)에게도 감사를 표하고 싶다. 그리고 잊지 말아야 것은 또 한 차례 배우자의 문예적 임신 기간을 견딘 아내 제이미의 인내와 이해에도 고마움을 전하는 일이다. 그리고 참 맞다, 이 책이 이제 내 손을 떠났으니 조만간 집과 여타 문제에 관해 계획했던 일들을 마무리할 것이다. 약속한다!

더 읽어볼 만한 글들

이 책에서 나는 고대 스토아 철학의 역사나 원리들이 아니라 구체적인 스토아의 기법, 즉 좌절에 대처하기 위한 스토아의 시험 전략 사용법에 초점을 두었다. 스토아주의에 더 많은 관심이 생겼다면 내 책《좋은 삶을 위한 가이드(*A Guide to the Good Life*)》를 읽어보길 권한다. 이 책에서 나는 스토아 철학자들을 소개하고 그들의 원칙을 우리의 삶에 어떻게 적용할 수 있는지 설명했다. 스토아 철학에 관해 더 깊은 이해를 희망하는 사람들은 마시모 피글리우치(Massimo Pigliucci)의 탁월한 저서《그리고 나는 스토아주의자가 되었다》를 읽어봐야 할 것이다. 세네카의 책들은 읽기도 편하면서 눈부신 통찰로 가득 차 있다는 사실을 덧붙인다.

주

프롤로그 어느 날 공항에서

1   Seneca, "On the Happy Life", in Seneca: Moral Essays, vol.2, trans. John W. Basore (Cambridge, MA: Harvard University Press, 1932), III.2.

1장 삶은 좌절의 연속이다

1   Seneca, "On Anger", in Moral and Political Essays, trans. John M. Cooper and J. F. Procope (Cambridge, UK: Cambridge University Press, 1995), III.26.

2장 분노하는 어리석은 사람들

1   Seneca, "On Anger", I.2.1.

3장 위대한 보통 사람들의 비밀

1   "Neil Armstrong's Lunar Lander Trainer Accident", YouTube, February 28, 2010, https://www.youtube.com/watch?v=OlJGQ92IgFk.

2   James R. Hansen, First Man: The Life of Neil A. Armstrong (New York: Simon & Schuster, 2005), p.332.

3   Bethany Hamilton, Sheryl Berk, and Rick Bundschuh, Soulsurfer: A True Story of Faith, Family, and Fighting to Get Back on the Board(New York: Pocket Books, 2004).

4   Marianne Thamm, I Have Life: Alison's Journey (New York: Penguin Putnam, 1998).

5   Alison Botha, Alison: A Tale of Monsters, Miracles and Hope, dir. Uga Carlini (South Africa: Journeymen Pictures 2016), 51:43.

6   Roger Ebert, "Remaking My Voice", filmed March 2011 at TED2011, https://www.ted.com/talks/roger_ebert_remaking_my_voice.

7   Lou Gehrig, "Luckiest Man", National Baseball Hall of Fame website, https://baseballhall.org/discover-more/stories/baseball-history/lou-gehrig-luckiest-man.

8   Amelia Hill, "Locked-In Syndrome: Rare Survivor Richard Marsh Recounts His Ordeal," Guardian, August 7, 2012, https://www.theguardian.com/world/ 2012/aug/07/locked-in-syndrome-richard-marsh.

9   Jean- Dominique Bauby, The Diving Bell and the Butterfly (New York: Alfred A. Knopf, 1997), p.39.

10   Mariska J. Vansteensel et al., "Fully Implanted Brain-Computer Interface in a Locked-In Patient with ALS", New England Journal of Medicine 375 (2016): pp.2060–2066.

11   Theodore Roosevelt, The Autobiography of Theodore Roosevelt (n.p.: Renaissance Classics, 2012), p.244. Roosevelt attributes this saying to an obscure yet remarkable individual named William Widener.

12   Epictetus, "Discourses", in Discourses, Fragments, Handbook, trans. Robin Hard (New York: Oxford University Press, 2014), I.i.31–32. I have taken liberties with the wording of this quotation.

4장 원래 단단하게 태어나는 사람은 없다

1   Musonius Rufus, "Lectures", in Musonius Rufus: Lectures and Sayings, trans. Cynthia King (n.p.: CreateSpace, 2011), 9.10.

2   Diogenes was the founder of the Cynic school of philosophy, and he is notable for the extent to which his philosophical views affected his manner of living. He is the subject of many stories that are simultaneously funny and remarkable for the insight they give us into the human condition.

3   Musonius, "Lectures", 9.4.

4   Rachel Toor, "Hearing the Voice of a 51-Year-Old Man in the Essay of a 17-Year-Old Girl", New York Times, October 19, 2010, https://thechoice.blogs. nytimes.com/2010/10/19/toor/.

5   In America, there is widespread evidence of grade inflation in universities. For insight into this phenomenon, see Jane Darby Menton, "Up Close: Defining the Yale College 'A,'" Yale News, April 11, 2013, https://yaledailynews.com/ blog/2013/04/11/up-close-defining-the-yale-college-a/.

5장 왜 우리는 좌절 앞에서 남 탓부터 할까

1   "How to Be a Hero", Radiolab podcast, January 9, 2018, https://www.wnycstudios. org/story/how-be-hero/.

2   See my Aha! The Moments of Insight that Shape Our World (New York: Oxford University Press, 2015).

6장 최악의 상황을 미리 상상해본다는 것

1   Daniel Kahneman, Thinking, Fast and Slow(New York: Farrar, Straus & Giroux, 2011), p.119.

2   Fritz Strack and Thomas Mussweiler, "Explaining the Enigmatic Anchoring Effect: Mechanisms of Selective Accessibility", Journal of Personality and Social Psychology 73, no. 3 (1997): pp.437-446.

3 In 2012 the retailer JCPenney announced its plan to abandon frequent sales in favor of everyday low pricing. At the press conference in which these plans were announced, Penney CEO Ron Johnson revealed that less than 1 percent of its revenues came from full-price transactions. This is, to be sure, only one data point but a telling one.

4 Seneca, "Consolation to Marcia", in Seneca: Dialogues and Essays, trans. John Davie (New York: Oxford University Press, 2007), XII.

7장 좌절은 다르게 바라볼 때 끝난다

1 Kahneman, Thinking, Fast and Slow, p.367.

2 Epictetus, Handbook of Epictetus, trans. Nicholas White (Indianapolis: Hackett, 1983), p.30.

3 Ibid.,5.

4 Seneca, "On Anger", III.11.

5 Marcus Aurelius, Meditations, trans. Maxwell Staniforth (London: Penguin, 1964), VIII.47.

6 In On Desire: Why We Want What We Want (New York: Oxford University Press, 2006), I argued that most people want to be rich and famous in the sense that they want to be more affluent and want to improve their standing on the social hierarchy. I also argued that people seek affluence primarily because it will improve their social standing.

7 Epictetus, Handbook of Epictetus, p.13.

8 Seneca, "On Anger", III.33.

9 Ibid., III.11. According to other sources, it was Diogenes the Cynic who said this; see Seneca, "On Anger", IIIn7.

10 See my A Slap in the Face–Why Insults Hurt, and Why They Shouldn't(New York: Oxford University Press, 2013).

11 "Living with Locked-In Syndrome: Michael Cubiss", Words of Wickert,

January 18, 2013, https://wordsofwickert.wordpress.com/2013/01/18.

12 For more on the function of "police" in ancient Athens, see "Policing in Ancient Times", Weekend Edition, NPR, June 11, 2005, https://www.npr.org/templates/story/story.php?storyId=4699475.

13 Jean Liedloff, The Continuum Concept: In Search of Happiness Lost(Cambridge, MA: Perseus Books, 1975), p.10.

8장 부정적 감정에 예방주사 놓기

1 Seneca, "On Anger", II.14.

2 Martin Luther King, Jr., The Autobiography of Martin Luther King, Jr.,ed. Clayborne Carson (New York: Warner Books, 1998), p.70.

3 Robert Kastenbaum, Death, Society, and Human Experience, 6th ed.(Boston: Allyn & Bacon, 1998).

4 George A. Bonanno, "Loss, Trauma, and Human Resilience", American Psychologist 59, no. 1 (2004): pp.20-28.

5 Seneca, "To Polybius on Consolation", in Seneca: Moral Essays, vol.2, trans. John W. Basore (Cambridge, MA: Harvard University Press, 1932), XVIII.4-5.

9장 좌절은 나를 위한 시험이다

1 Seneca, "On Providence", in Seneca: Dialogues and Essays, trans. John Davie (New York: Oxford University Press, 2007), p.4.

2 Ibid.

3 Ibid., pp.4-5.

4 Epictetus, "Discourses", I.1.

5 Ibid., I.24.

6 Seneca, "On Providence", p.5.

7 Ibid., p.5.

10장 좌절 직후 5초가 중요하다

1   For more information on our extended family tree, see William B. Irvine, You: A Natural History (New York: Oxford University Press, 2018).

2   For more on the evolution of our ability to feel good and bad, see Irvine, On Desire.

11장 모험을 시작하기

1   Seneca, "On Providence", pp.3-4.

2   "Lazy Bill" is an elaboration of the being referred to as my "other self" in my Guide to the Good Life: The Ancient Art of Stoic Joy (New York: Oxford University Press, 2009).

12장 실패 끌어안기

1   Howard Shultz, "Starbucks: Howard Schultz", interview by Guy Raz, NPR, September 28, 2017, https://one.npr.org/?sharedMediaId=551874532:554086519, at 20:08.

2   Tristan Walker, "The Beauty of a Bad Idea", interview by Reid Hoffman, Masters of Scale, episode 3, https://mastersofscale.com/tristan-walker-beauty-of-a-bad-idea/, at 0:01.

3   Ibid., at 16:45.

4   John Danner and Mark Coopersmith, "How Not to Flunk at Failure", Wall Street Journal, October 25, 2015, https://www.wsj.com/articles/how-not-to-flunk-at-failure-1445824928.

13장 불편이 편안에 이르는 길이 된다

1   Readers familiar with my Guide to the Good Life will recognize toughness training as an elaboration of the "program of voluntary discomfort" introduced there.

2   Psychologists refer to this as "exposure therapy".

3   Realize that exploring hunger is different from merely experiencing it, and that any serious exploration of hunger will require firsthand experience.

4   Seneca, Letters from a Stoic, trans. Robin Alexander Campbell (New York: Penguin Putnam, 1969), XVIII.

5   Musonius, "Lectures", p.19.

6   Seneca, Letters from a Stoic, XVIII.

7   Seneca, "On Anger", II.25.

14장 함정, 큰 위험은 큰 행운에서 나온다

1   Seneca, "On Providence", p.4.

2   Michael Lewis, The Undoing Project: A Friendship That Changed Our Minds (New York: W. W. Norton, 2017), p.354.

15장 죽음, 우리의 졸업시험

1   Lewis, Undoing Project, p.347.

2   Seneca, "On Providence," p.5.

3   Seneca, "On the Tranquility of the Mind," in Seneca: Dialogues and Essays, trans. John Davie (New York: Oxford University Press, 2007), p.14.

The Stoic Challenge

좌절의 기술

초판 1쇄 발행 2020년 4월 7일
초판 2쇄 발행 2020년 5월 6일

지은이 윌리엄 B. 어빈
발행인 김형보
편집 최윤경, 박민지, 강태영, 이환희
마케팅 이연실, 김사룡, 이하영
경영지원 최윤영

발행처 어크로스출판그룹(주)
출판신고 2018년 12월 20일 제 2018-000339호
주소 서울시 마포구 양화로10길 50 마이빌딩 3층
전화 070-5080-0459(편집) 070-8724-5877(영업)
팩스 02-6085-7676
이메일 across@acrossbook.com

한국어판 출판권 ⓒ 어크로스출판그룹(주) 2020

ISBN 979-11-90030-41-0 03160

이 도서의 국립중앙도서관 출판예정도서목록(CIP)은 서지정보유통지원시스템 홈페이지
(http://www.nl.go.kr/kolisnet)에서 이용하실 수 있습니다.
(CIP제어번호: CIP2020011457)

만든 사람들
편집 | 이환희
교정 | 백도라지
표지디자인 | 디자인 [서―랍] 이유나
본문디자인 | 박은진